会计专业人才培养探究

宛燕 著

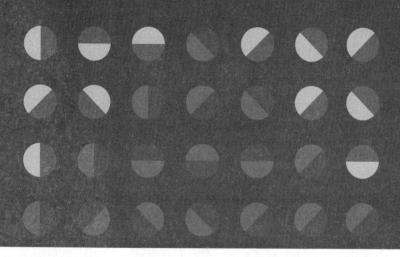

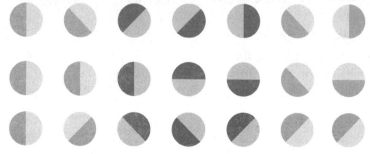

延吉·延边大学出版社

图书在版编目（CIP）数据

会计专业人才培养探究 / 宛燕著. -- 延吉 ： 延边
大学出版社，2024. 9. -- ISBN 978-7-230-07139-0

Ⅰ. F233.2

中国国家版本馆 CIP 数据核字第 2024BS5243 号

会计专业人才培养探究

著　　者：宛　燕
责任编辑：董德森
封面设计：文合文化
出版发行：延边大学出版社
社　　址：吉林省延吉市公园路 977 号
邮　　编：133002
网　　址：http://www.ydcbs.com
E-m a i l：ydcbs@ydcbs.com
电　　话：0433-2732435
传　　真：0433-2732434
发行电话：0433-2733056
印　　刷：三河市嵩川印刷有限公司
开　　本：787 mm×1092 mm　1/16
印　　张：8.75
字　　数：140 千字
版　　次：2024 年 9 月　第 1 版
印　　次：2025 年 1 月　第 1 次印刷
ISBN 978-7-230-07139-0

定　　价：68.00 元

目　　录

第一章 会计学概述

第一节 会计的发展历程与内涵

一、会计的发展历程

会计是随着人类社会生产力的发展和经济管理的需要而产生、发展并不断完善起来的。社会从旧石器时代、新石器时代、农业时代、远洋贸易时代、工业时代发展到现在的泛金融化和信息化时代，会计也从简单的结绳记事、单式记账、复式记账发展为财务信息系统集成，并伴随人类的进步和社会环境的变化而不断成长和成熟，而作为国际商业公共语言的会计的内涵及外延也不断发展和丰富。历史实践证明，经济越发展，会计越重要。

（一）会计的发展阶段

会计的发展大体经历了以下三个阶段：

1.古代会计阶段

从旧石器时代中晚期到复式簿记应用以前，这一时期的会计称为古代会计。人类在原始社会就有计算生产成果的要求。文字产生以前，这种计算是通过"结绳记事""刻木记事""堆石记事"或凭人们的记忆来进行的。文字产生以后，人们开始用文字记载物质资料的生产和消耗。公元前 4000 年左右，两

1

河流域的美索不达米亚人就在泥板上用楔形文字记录神殿的财物收支、工资支出、现金收入、贷款利息和不动产等多种交易事项，开创了用文字记录的人类古代会计文明。

在奴隶社会和封建社会，会计主要是用来核算和监督政府开支的，是为官方服务的。在这一时期，由于社会生产力水平低下，商品经济尚不发达，货币关系还未全面展开，因此会计的发展也很缓慢。最初，会计是生产职能的附带部分；后来，随着生产力的发展，出现了剩余产品，这就为组织生产、管理产品和产品分配提供了物质条件。同时，生产开始社会化，直接的生产过程已经采取共同劳动的协作形式，不再是个体劳动。当同时具备这两个条件时，会计就从生产职能中分离出来，成为特殊的、具有专门委托的当事人的独立职能。但那时的会计仍然很不成熟。严格来说，这一阶段的会计所包含的范围比较广，涵盖了统计、业务技术核算等其他经济核算。会计独有的专门方法没有形成，会计还不是一门独立的学科。概括而言，古代会计具有以下特点：

①以货币和实物为计量单位。

②采用单式记账法，即按时间先后将已经发生的经济业务逐一记录，一般只记录主要的财产、物资变化，或只在账簿中记录货币的收支。

2.近代会计阶段

一般认为，从单式记账法过渡到复式记账法，是近代会计的形成标志。复式记账法在理论上的总结及推广，揭开了会计由古代阶段迈向近代阶段的篇章。近代会计与商品经济的发展有不可分割的联系。与古代会计相比，近代会计的主要特点是：一方面，商品经济的发展使会计有可能充分地以货币形式作为计量、记录和报告的手段；另一方面，会计的记录采用了复式记账法，形成了一种严密的账户体系。

会计能从古代会计阶段发展到近代会计阶段，主要有以下两个原因：

第一，中世纪地中海沿岸的一些城市逐渐成为世界贸易的中心，意大利的佛罗伦萨、热那亚、威尼斯等地的商业和金融业特别繁荣。复式记账法首先应用于银行的存款和贷款业务，日益发展的商业和金融业使复式记账法逐渐流行起来，并不断地改进。为满足实际需要，1494 年意大利数学家卢卡·帕乔利的《算术、几何、比及比例概要》一书问世，其中的"计算和记录详论"（即通称的"簿记论"）一章，系统地介绍了威尼斯的复式记账法，并进行了理论上的阐述。这本书的出版使得复式记账法在欧洲和全世界得到推广，开启了近代会计的历史。

实践证明，只有复式记账法才能对经济活动进行科学、全面的记录，也只有复式记账法才能使会计与统计相区别，并带动其他会计方法的发展，使会计成为一门科学。正因为如此，复式记账法从问世起，就受到人们的重视，迅速地流传于全世界，被认为是划时代的发明和创造。德国诗人歌德曾对复式记账法做过这样的颂扬："它是人类智慧的一种绝妙的创造，从而使每一个精明的商人在他的经济事业中都必须应用它。"因此，复式记账法在理论上的总结被认为是近代会计发展史上的第一个里程碑。

第二，19 世纪英国进行了工业革命，成为当时工业最发达、生产力水平最高的国家。由于生产力的迅速提高，英国产生了适应大生产需要的新的企业组织形式——股份公司。股份公司的出现，使得企业经营权和所有权发生了分离，对会计工作提出了更高的要求。以往会计主要进行记账和算账，现在还要编制和审查报表。为满足编制财务报表的需要，会计还要应用资产的估价方法和有关理论等。此外，企业的会计需要接受外界的监督，企业的账目只有通过监督，特别是注册会计师的监督，才能取信于人。为了使会计师队伍更纯洁，提高会计师自律管理的权威性，保护行业利益和公众利益，苏格兰的民间会计师在爱丁堡自发成立了会计师协会。1854 年，世界上第一个会计师协会（即爱丁堡会计师协会）成立，这一事件被认为是近代会计发展史上的第二个里程碑。

第一次世界大战以后，美国取代了英国的地位，无论是生产技术还是科学技术都处于遥遥领先的地位。因此，会计学的发展中心也从英国转移到了美国。20 世纪 20 年代至 30 年代，美国对标准成本会计的研究有了突飞猛进的发展。这一时期的会计方法比较完善，会计学科也比较成熟。

3.现代会计阶段

20 世纪 50 年代起，在一些科学技术和工业比较发达的国家，现代数学方法和电子计算机进入会计领域，引起了所谓"会计工艺"（即对会计数据处理的物理工具）的深刻变化，原来的手写簿记系统被电子数据处理系统（Electronic Data Processing System，简称 EDPS）所代替。这样带来的结果是使会计这一信息系统变得灵敏，所提供的信息更加及时和准确，大大地提高了会计信息的质量。此外，科学技术的突飞猛进不仅大大地促进了生产社会化程度的提高，而且使股份公司这种经济组织得到飞快发展，这对企业会计的发展产生了深远的影响。为了满足企业所有者和经营管理者对会计信息的不同需要，企业会计被分为管理会计和财务会计两大类别。现代管理会计的出现是近代会计发展为现代会计的重要标志。财务会计主要通过定期编制和提供会计报表，为外界与企业有经济利害关系的各个集团或个人服务。

管理会计与财务会计的区别主要表现在以下两个方面：

第一，管理会计并非满足企业外部有关方面的需要，而主要是适应企业内部管理的需要，即为企业管理部门正确地进行管理决策和有效经营提供有用的资料。如果说财务会计是以提供财务会计报表为中心的会计，那么管理会计就是以经营管理为中心的会计。

第二，管理会计不仅重视过去和现在，而且还着眼于将来，要预测将来可能发生的经济活动及其效果。而财务会计所要描述的是已经发生的事实，不强调将来。

由以上两个方面可知，对于现代管理会计，已经不能用传统的会计概念去理解它了。管理会计的日趋成熟，大大地丰富了会计的内容，使会计进入了发展历程中的高级阶段。

综上所述，现代会计是现代科技、现代经济控制理论与方法深入发展的产物。它是为适应现代科技发展的要求和满足强化经济控制的需要而产生的。它形成于 20 世纪 50 年代，并在 20 世纪 60 年代至 80 年代得到初步发展，当下正处于进一步发展的阶段。人工智能、大数据、云计算、区块链、物联网等技术的不断发展和成熟，对会计的工作模式、核算程序、监督方式和审计抽样方法等都产生了深远的影响。但只要人类还存在商业行为，还讲求经济效益，会计就会以其他方式存在，会计的核心思想、理念和方法就会得到传承，会计的监督管理职能也将进一步加强。

（二）中国会计的发展

会计在我国有着悠久的历史。在仓颉造字之前，我国先民便学会了结绳记事。《周易正义》中有记录："事大，大结其绳；事小，小结其绳。结之多少，随物众寡。"《周易·系辞下》中也有记载："上古结绳而治，后世圣人易之以书契，百官以治，万民以察。"

公元前 2070 年，大禹在完成国家建制的基本工作后，在茅山大会诸侯，汇总稽核他们的功德业绩，奠定了古代财务会计报告、审查与考核的基础。

西周时期，朝廷设立了专司朝廷钱粮收支的官吏——司会。司会主持天下之大计，为计官之长。《周礼》中记载："凡在书契、版图者之贰，以逆群吏之治而听其会计。以参互考日成，以月要考月成，以岁会考岁成。"这里日成、月要、岁会为十日、一月、一年成事之文书，相当于旬报、月报、年报，这说明周王朝已制定了会计检查制度。

《孟子》记载，孔子曾做过两次小吏，其中一次是做委吏，职务是管理仓库。孔子说："会计当而已矣。"大意为要把账算得清清楚楚。秦汉时期出现了以"入、出"为符号的会计记录，即"入-出=余"的三柱结算法。同时，有非常严格的审计查对制度，逐渐形成各级地方政府上报给中央的财务会计报表——上计簿。凡有关财政收支、钱谷出入和户籍、田地等都在上计簿中详细报告。这是我国政府会计中最早的报表制度，也是审计的直接对象。

从宋朝开始，政府在办理钱粮报销或移交时，要编制"四柱清册"（亦称"四柱册"），以反映钱粮的"旧管""新收""开除""实在"，其分别相当于现代会计中的"期初结存""本期收入""本期支出""期末结存"。"四柱清册"通过"旧管+新收=开除+实在"这一平衡公式，对一定时期内财物收付的记录进行总结，既可检查日常记录的正确性，又可对汇总日常会计记录进行分类。"四柱清册"的发明，表明我国传统的单式收付簿记已发展到一个较为科学的高度。

明末清初，出现了比"四柱清册"更加完备的"龙门账"。"四柱清册"只能应用于不计盈亏的政府（官厅）部门的核算，而"龙门账"则能满足商业上核算盈亏的需要。"龙门账"将全部账目分为进（相当于收入）、缴（相当于支出和费用）、存（相当于财产及债权）、该（相当于投资和债务）四项，其关系为"该+进=存+缴"或"进-缴=存-该"。年终结账时，从两方面计算盈亏，即进-缴=盈亏，存-该=盈亏，两者应相符，称为"合龙门"。"龙门账"是我国复式记账的雏形，它的出现推动了中式簿记由单式记账向复式记账的转变。到了清代，商品货币经济有了进一步的发展，资本主义经济关系开始萌芽，会计发展又有了新的突破，在民间商业界出现了"四脚账"，又称"天地合账"。这是一种比较成熟的复式记账法，它要求对日常发生的一切账项，既要登记它的来账方面，又要登记它的去账方面，借以全面反映同一笔账项的来龙去脉，这表明中国的会计已由单式簿记向复式簿记过渡。

我国的记账方法一度在世界上处于领先地位，但由于封建社会自给自足的自然经济始终占主导地位，阻碍了生产力的发展，因此会计的发展滞后，并逐渐落后于西方资本主义会计模式。随着资本主义经济输入中国，资本主义会计模式也随之传入，古老的中式会计逐渐被西式会计所替代。

我国实行改革开放政策后，引进了有关现代会计的新理论和新方法，并被广泛运用。近年来，我国逐步建立了具有中国特色的新会计体系，有力地促进了会计事业的发展，为加快实现会计应用与国际惯例接轨奠定了良好的基础。

二、会计的含义和特点

（一）会计的含义

会计是一门古老但又年轻的学科，随着社会经济的高速发展，会计的范围也随之扩大。到目前为止，人们对什么是会计这个问题的认识还不尽相同，究其原因，关键在于人们对会计本质的认识存在不同的看法，而不同的会计本质观对应不同的会计含义。目前，人们对会计本质的认识主要包括三种具有代表性的观点：管理工具论、管理活动论和信息系统论。下面分别予以介绍：

1.管理工具论

管理工具论把会计当作一种反映和监督经济活动的方法、工具或提供经济信息的规则和方法。按照该观点，会计是进行会计工作必不可少的手段。会计不等于会计工作，会计是一套分类、记录、计量、汇总、分析与解释的方法体系，这个方法体系是人们长期从事会计工作的经验总结；而利用这个方法体系来开展实践活动，才表现为会计工作。如果承认会计是方法，那么方法本身就不可能是管理，而只能是服务于管理的工具。

2.管理活动论

管理活动论的实质是把会计当作一项有人参加的活动，即一项工作。管理活动论认为，所谓会计，是指会计工作，是说明会计作为一项活动或工作这一性质的。而会计这项活动或工作是指，对能够用货币表现的经济事项，按照特定的方法或程序予以分类、记录、计量、汇总、分析和评价。如果把会计当作一项活动或工作，那么把会计当作一项管理活动就是完全正确的。

3.信息系统论

美国会计学会在 1966 年提出，会计基本上是一个信息系统，更确切地说，会计是一般信息理论在它有能力加以解决的经济活动上的应用。该观点一经提出，在美国会计界就引起了强烈的反响。信息系统论把会计理解为一个经济信息系统，这一见解试图把会计工作和开展会计工作所运用的方法统一起来，力求突出方法的作用、反映的职能和经济信息在现代管理中的作用。

其实，人类社会总是伴随着经济活动而存在和发展的。不同社会的经济活动，其水平与复杂程度也不同。在经济活动中，资源的有限性与人类需求的无限性是存在于人类社会的一对矛盾。为缓和与解决这一矛盾，人类在经济活动中总是千方百计地寻求以最少的劳动耗费来取得最大的经济效益的方法。只有这样，人类社会才能不断地发展和进步。而经济效益的提高受到各种因素的影响，就其主要方面来说，既离不开生产力水平的提高，也离不开对经济活动的管理。会计正是借助于货币形式，对单位的经济业务进行全面的、连续的和系统的记录、计算、分析及检查，以此反映财务成果和提高经济效益。特别是现代科学技术的发展，使得会计在经济管理方面的作用日益显著。

综上所述，会计是以货币为主要计量单位，借助专门的方法和程序，对一定主体的经济活动进行连续、系统、全面、综合的核算和监督，并向有关方面提供会计信息的一种管理活动。可以说，会计是经济管理的重要组成部分。

（二）会计的特点

作为一种经济管理活动，会计具有以下两个基本特点：

（1）以货币为主要计量单位

原始的会计计量只是简单地用实物数量和劳动量对经营活动和财务收支进行计算和记录。随着社会生产的日益发展，会计从简单的计量记录逐步发展为以货币作为计量单位来综合反映和监督经济活动的过程。因为要求所有财产物资和劳动消耗的总括指标，所以必须利用价值形式间接地进行计算，从而取得必要的、连续的、系统的和全面、综合的会计信息，使经济核算成为可能。

（2）具有连续性、系统性、综合性和全面性

会计对经济活动的核算和监督，是按照时间顺序，对现在或将来可能影响企业收益且能够用货币表现的经济业务进行准确、全面的确认、计量和记录，并按照国家的方针政策、法规准则、制度及管理要求，提供系统的会计信息。

三、会计目标

会计目标是会计基本理论的重要组成部分，它既是进行会计活动的前提条件，又是评价会计活动的基本标准。概括来讲，会计目标就是设置会计的目的和要求。具体而言，会计目标就是对会计自身所提供经济信息的内容、种类、时间、方式及质量等方面的要求。也就是说，会计目标是回答"应该做些什么"的问题，即会计对所从事的工作要明确应"何时以何种方式提供合乎何种质量的何种信息"。

人们对会计目标的认识大致经历了两个阶段。20世纪60年代以前，会计目标并没有引起人们的足够重视，仅仅只有少数的论述。20世纪60年代后期，随着信息科学和系统工程思想迅速渗透到会计学科领域，"会计是一个经济信息系统"等新观念开始流行，人们开始将会计视为一个人造的经济信息系统。根据系统论的原理，任何系统，尤其是人造系统，其运行和功能的发挥都要服从于系统的目标。这样，会计目标的研究就成为研究其他财务会计概念的前提。1966年，美国会计学会发表了《基本会计理论》。这份研究报告的发表，公开地表明会计目标应成为财务会计理论体系中的重要内容之一。在它的影响下，人们开始重视对会计目标的研究和讨论，并取得了一系列重要的研究成果。

（一）会计目标的不同论点

20世纪七八十年代，关于会计目标的研究形成了两种主流理论：受托责任观和决策有用观。

1.受托责任观

受托责任的含义大致包括以下三个方面：

①资源受托方接受委托，管理委托方所交付的资源，受托方承担有效管理与应用受托资源并使其保值增值的责任。

②资源受托方承担如实向资源委托方报告受托责任履行过程和结果的

义务。

③资源受托方的企业管理部门负有重要的社会责任，如保持企业所处社区的良好环境、培养人力资源等。

由以上三点可以看出，受托责任产生的原因在于所有权与经营权的分离。由于商品经济的发展和生产规模的扩大，所有权与经营权分离的现象变得极为普遍，受托责任现象亦变得无处不在、无所不有，会计被认为是以提供受托责任信息为主的观念也普遍被人们接受。

2.决策有用观

决策有用观以会计是一个经济信息系统为出发点，以市场经济为依托，认为会计的目标就是向会计信息的使用者（主要包括现有的和潜在的投资者、信贷者、企业管理部门，以及政府等）提供对他们决策有用的信息，而对决策有用的信息主要是关于企业现金流动、经营业绩及资源变动的信息。财务报告应主要反映现时的信息，其理由是在高度发达的资本市场中，资源的配置是通过资本市场进行的，委托方与受托方的关系已变得比较模糊，作为委托人的所有者关注的是整个资本市场的可能风险和报酬，以及所投资企业的可能风险和报酬。多数会计专家认为，这种观点适用于资本市场发育十分成熟，并对整个社会经济的运行具有全面影响的情况。

从根本上说，以上两种观点并不是互相排斥的，即便在高度发达的资本市场环境下，决策信息与受托责任之间仍然存在着较高的一致性。但两种观点的侧重点有所不同，每一种观点都与具体的经济环境相关联，如果离开具体的经济环境去争论孰优孰劣，则无法形成一致的结论。因此，无论是受托责任观还是决策有用观，只要将它们与所认定的经济环境结合起来，那么它们之间的异同就比较好理解了。如果市场经济不够发达，社会资源不是主要依靠资本市场来配置，那么反映经营者的受托责任应该是会计的目标；反之，市场经济发达，资源的委托和受托是通过资本市场建立和实现的，那么就必然要求会计信息系统提供有助于投资者进行经济决策的有用信息，决策有用观也就成为会计的目标。而对于市场经济不太发达、资本市场还不完善的发展中国家，会计的目标还是以受托责任为主，以决策有用为辅。

（二）会计目标的发展趋势

20 世纪 80 年代后，世界格局发生巨变，计划经济国家全面向市场经济转轨，各国会计差异逐步消除，会计由多级化向单级化过渡的趋势日益明显。以上两种主流理论的争论也趋于统一。如美国财务会计准则委员会（Financial Accounting Standards Board，简称 FASB）和国际会计准则委员会（International Accounting Standards Committee，以下简称 IASC）对财务报表目标的论述，均以决策有用观作为首要目标。IASC 在"编报财务报表的框架"中指出，财务报表的目标是提供关于企业财务状况、经营业绩和财务状况变动方面的信息，这种信息对于广大使用者制定经济决策是有用的。同时，IASC 还指出，财务报表还应反映管理当局托付给它的资源的受托责任或经管责任的实施结果。显然，IASC 在论述财务报表的目标时，同时兼顾了经济决策和受托责任两个方面，但是它将前者作为主要目标，将后者作为为前者服务的次要目标。

（三）我国的会计目标

我国对会计目标的研究起步较晚，20 世纪 90 年代以前，我国会计领域几乎未出现过会计目标、财务报告目标等术语。而在这之后，随着我国经济进一步对外开放，受会计国际化思想的影响，我国开始尝试构建会计准则，而与会计准则相关的会计理论（包括会计目标）自然成为理论界研究的重点。在我国对会计目标的研究中，初期引进美国的决策有用观，后又引进美国的受托责任观，而对于会计目标的表述，理论界也进行了长期讨论。

2006 年 2 月 15 日，中华人民共和国财政部正式对外发布了包括基本准则和 38 项具体准则在内的企业会计准则体系。企业会计准则的正式发布，成为我国会计发展史上一个重要的里程碑，它标志着我国已经基本完成企业会计准则体系（包括会计目标）的制定任务，并与国际会计准则正式接轨。《企业会计准则——基本准则》的"第一章 总则"中的第四条，第一次明确了会计的目标是"向财务会计报告使用者提供与企业财务状况、经营成果和现金流量等有关的会计信息，反映企业管理层受托责任履行情况，有助于财务会计报告使用者作出经济决策"。这就要求我国企业在财务报告中既要提供企业管理者受托责任的经营业绩信息，也要向财务报告使用者提供与决策有关的现时信息。

第二节 会计的职能和作用

一、会计的职能

从会计的定义中可以看出，会计是随着生产的发展，逐步从企业各项经营活动中分离出来的一项提高经济效益的管理活动。会计在经济管理工作中所具有的功能或能够发挥的作用，即会计的职能，包括核算、预测、参与决策、实行监督等。会计的各项职能彼此关联，并且随着经济的发展和管理要求的提高而不断变化。

关于会计的职能，也就是"会计是用来做什么的"这个问题，马克思在《资本论》中也曾经有过精辟的论述。他指出："过程越是按社会规模进行，越是失去纯粹个人的性质，作为对过程的控制和观念总结的簿记就越是必要……"可见，马克思把会计的基本职能也归纳为监督（过程控制）和反映（观念总结）。

马克思的这一论述对指导现代会计实践同样具有重要意义。现代会计的基本职能应当归纳为反映和监督，而且，为了达到反映和监督的目的，现代会计在发展中逐步形成了两大职能，即核算职能和监督职能。

（一）会计的核算职能

会计的核算职能，也称会计的反映职能，主要是指会计通过确认、计量、记录和报告，从数量方面反映会计主体已经发生或完成的各项经济活动。它是会计最基本的职能。记账、算账和报账则是会计执行核算职能的主要形式。会计的核算职能具有以下显著特征：

1.会计以货币为主要计量单位

会计主要是从价值量方面反映各单位的经济活动情况。会计在对各单位的经济活动进行反映时，主要是从数量，而不是质量方面进行反映。如企业对固定资产进行反映时，只记录其成本、折旧等数量变化，而不反映其技术性能、运行状况等。会计在反映各单位的经济活动时主要使用货币量度，实物量度和其他指标及其文字说明等处于附属地位。这是因为，货币是用来衡量各种商品的价值尺度的，而且企业最初的投资都是用货币度量的，因此对这些投资的追踪记录也只能使用货币进行度量。

2.反映过去已经发生的经济活动

会计反映经济活动就是要反映其事实，探索并说明真相。因此，只有在每项经济业务发生或完成后，才能取得该项经济业务完成的书面凭证。这种凭证具有可验证性，据此记录账簿，才能保证会计所提供的信息真实可靠。而这必须是在经济业务已经发生或完成之后，至少在传统会计上是这样的。虽然管理会计等具有预测职能，其核算范围可能扩大到未来的经济活动，但从编制会计报表、对外提供会计信息上来看仍然是面向过去的。

3.具有连续性、系统性和全面性

会计反映的连续性是指对经济业务的记录是连续的，应逐笔、逐月、逐年进行，不能间断。

会计反映的系统性是指要按科学的方法对会计对象进行分类，进而进行系统加工、整理和汇总，以便提供管理所需要的各类信息。

会计反映的全面性是指对每个会计主体所发生的全部经济业务都应该进

行记录和反映，不能有任何遗漏。

（二）会计的监督职能

会计的监督职能是指利用会计核算所提供的经济信息，对企业和事业单位的经济活动进行控制和指导。会计监督的核心在于，通过干预经济活动，使之符合国家有关法律、法规和制度的规定，并对经济活动的合理性、有效性进行分析、检查和控制。从时间上看，会计监督贯穿于经济活动的全过程，包括事前监督、事中监督和事后监督。其中，事前监督主要表现为对计划和预算的审查；事中监督主要表现为对日常经济活动的适时限制和调整；事后监督主要表现为对已完成的经济活动的合理性、合法性和有效性进行的检查、分析、评价和必要的纠正活动。

会计监督是经济监督的一部分，但与其他经济监督相比，它具有更多的优点。会计监督既有经济监督的共性，又有自己独有的特点。会计监督的特点主要包括以下五个方面：

1.合法性

会计监督是法律赋予会计的权利，它要求会计在法律法规范围内，严格按照国家规定的财经制度进行经营管理活动。这是会计的社会属性的重要表现，也是保证经济健康发展的必要条件。会计监督受法律保护。

2.合理性

所谓合理，就是要符合客观经济规律的要求。任何违背客观经济规律的经济活动，会计都有权而且应当及时加以制止和纠正。会计专业人才必须保证会计资料真实、完整、准确，对不符合规定的原始凭证不予受理；会计专业人才有权拒绝不符合财务制度规定的支出。会计把好这一关，是经济活动正常运行的重要保证。

3.综合性

会计监督贯穿于经济活动的全过程，从经济活动的计划到实施，从资金的使用到经营成果的分配，都需要进行会计监督。同时，会计监督又是全方位的，国家的经济、物价、税收、财务、金融和劳资等政策的执行情况，最终都会反映在会计工作中。其他经济监督具有专业性；而会计监督既贯穿于经济活动的全过程，又涉及经济活动的各个方面，具有综合性。

4.及时性

会计专业人才直接参与经济活动，进行核算、控制、预测和决策，实行有效的会计监督。早发现问题，监督及时，有利于问题的迅速解决，避免造成损失。会计监督的及时性是其他经济监督，如财政监督、审计监督和税务监督等不可比拟的。

5.双重性

会计工作是经济管理的重要组成部分，会计专业人才以参与者的身份直接进入经济活动进行反映、控制和监督，这是其他经济监督做不到的。因此，会计专业人才具有双重身份，既是参与者，又是监督者。这就决定了会计监督具有双重职能，不仅是为了本单位的微观经济管理和经济效益的提高实行会计监督，也是为了国家的宏观经济管理和全社会的经济效益的提高实行会计监督。

（三）会计的核算职能与监督职能的关系

只有真实、准确地对经济活动进行全面的核算，提供符合质量要求的会计信息，才能在此基础上正确地行使会计的监督职能，达到会计监督的目的。会计监督是会计核算的深化和发展，只有通过会计监督，才能进一步提高会计核算的正确性和有效性，达到会计核算的最终目的。所以，会计核算是会计监督的基础，会计监督是会计核算的保证，它们是紧密结合、密不可分、相辅相成的，同时又是辩证统一的。随着社会经济的发展和现代化管理要求的提高，社会经济关系日益复杂，管理理论不断发展和深化，会计所发挥的作用越来越重要，其职能在不断丰富，范围在不断扩大，会计职能的具体内容也在不断发展和更新。

（四）会计职能的拓展

随着会计学科的发展，为满足企业经营管理的需要，在会计基本职能的基础上，逐步拓展出新的会计职能，主要包括预测经济前景、参与经营决策和评价经营业绩。会计的各种职能既相互联系，又相互区别，在不同方面发挥作用。

二、会计的作用

会计的作用是指会计的各项职能在特定的历史时期、特定的社会经济制度下实施和利用之后所产生的效果。会计作用的发挥取决于两个重要因素：一是会计所处的外部环境，即会计工作所处的社会历史时期的社会政治和经济制度；二是与会计自身的内在本质有关的因素，即会计的职能被人们所认识和利用的程度。

在现代企业中，会计是一项重要的基础性工作，通过一系列会计程序，为企业提供对决策有用的信息，并积极参与经营管理决策，提高企业经济效益，服务于市场经济，促进市场经济健康、有序地发展。会计在社会主义市场经济中的正面作用，主要包括以下三个方面：

1.有助于提供对决策有用的信息

会计有助于提供对决策有用的信息，提高企业透明度，规范企业行为。企业会计通过其反映职能，提供有关企业财务状况、经营成果和现金流量等方面的信息，是投资者和债权人等进行决策的依据。比如，作为企业的投资者，他们为了选择投资对象、衡量投资风险、做出投资决策，不仅需要了解包括毛利率、总资产收益率、净资产收益率等指标在内的企业的盈利能力和发展趋势方面的信息，也需要了解有关企业经营情况方面的信息及其所处行业的信息；作为债权人的银行，为了选择贷款对象、衡量贷款风险、做出贷款决策，不仅需要了解包括流动比率、速动比率、资产负债率等指标在内的企业的短期偿债能力和长期偿债能力，也需要了解企业所处行业的基本情况及其在同行业所处的地位；作为社会经济管理者的政府部门，为了制定经济政策、进行宏观调控、配置社会资源，需要从总体上掌握企业的资产负债结构、损益状况和现金流转情况，从宏观上把握经济运行的状况和发展变化趋势。所有这一切，都需要会计提供对决策有用的信息，通过提高会计信息透明度来规范企业的会计行为。

2.有助于加强经营管理，提高经济效益，促进可持续发展

会计有助于加强企业的经营管理，提高企业的经济效益，促进企业的可持续发展。企业的经营管理水平直接影响企业的经济效益、经营成果、竞争能力和发展前景，在一定程度上决定了企业的前途和命运。为了满足企业内部经营管理对会计信息的需要，现代会计已经深入企业内部经营管理的各个方面。比如，企业会计通过分析和利用有关企业财务状况、经营成果和现金流量方面的信息，可以全面、系统、总括地了解企业的生产经营活动情况、财务状况和经营成果，并在此基础上预测和分析企业的未来发展前景；可以通过发现过去经营活动中存在的问题，找出存在的差距和问题出现的原因，并提出改进措施；可以通过预算的分解和落实，建立内部经济责任制，从而做到目标明确、责任清晰、考核严格、赏罚分明。总之，会计通过真实地反映企业的财务信息而参与经营决策，并为处理企业与各个方面的关系、考核企业管理人员的经营业绩、落实企业内部管理责任奠定基础，更有助于发挥会计工作在加强企业的经营管理、提高企业的经济效益等方面的积极作用。

3.有助于考核企业管理层的经济责任履行情况

会计有助于考核企业管理层的经济责任履行情况。企业接受了包括国家在内的所有投资者和债权人的投资，就有责任按照其预定的发展目标和要求，合理地利用资源，加强经营管理，提高经济效益，接受考核和评价。会计信息有助于评价企业的业绩，有助于考核企业管理层的经济责任履行情况。比如，作为企业所有者的投资者，他们为了了解企业当年度的经营活动成果和当年度的资产保值及增值情况，需要将利润表中当年度的净利润与上年度的净利润进行

对比，以判断企业的盈利发展趋势；另外，还需要将其与同行业进行对比，以了解企业在同行业的竞争中所处的位置，从而考核企业管理层的经济责任履行情况。作为社会经济管理者的政府部门，他们需要了解企业执行计划的能力，需要将资产负债表、利润表和现金流量表中所反映的实际情况与预算进行对比，了解企业完成预算的情况，以评价企业执行预算的能力和水平。所有这一切，都需要作为经济管理工作重要组成内容的会计提供信息。

第三节 会计核算的基本程序与会计方法体系

一、会计核算的基本程序

以反映企业管理者受托责任履行情况、帮助财务报告使用者做出经济决策为目标的会计，以及开展会计工作所运用的方法，共同构成了一个完整的信息系统。信息输入、信息转换和信息输出是会计信息系统的基本环节。要将企业经济活动的信息转化为会计信息，需要经过会计确认、会计计量、会计记录和会计报告等基本程序。

（一）会计确认

会计确认主要是对输入会计信息系统的原始数据和输出会计信息系统的经济信息进行认定。会计信息系统主要提供以货币计量的企业经济活动信息，因而并不是所有企业生产经营活动的原始数据都能进入会计系统并被处理，即只有涉及企业资金运动的会计事项或交易，才能进入会计系统并被处理。比如，企业人力资源配置情况、产品质量等级、企业产品市场占有率、材料供应商数量等，这些数据不涉及企业资金的运动，因而就不能被会计信息系统所接收。而诸如企业货币资产消耗、吸收投资者投资、向银行举债、存货销售、购买股票和债券、将原材料投入生产过程、支付企业欠款等经济活动，这些原始数据涉及企业资金的运动，则必须进入会计信息系统并予以加工。就信息输出来看，并不是所有经过会计信息系统加工的信息都应该传输给会计信息的使用者。哪些信息应当输出以及如何输出，必须以满足信息使用者的决策需要为原则。因此，必须对会计信息系统输出给信息使用者的会计信息的内容和方式进行再次确认。

1.会计确认的分类

根据以上分析，会计确认可分为初次确认和再次确认。

（1）初次确认

初次确认是指对输入会计核算系统的原始经济信息进行的确认。原始经济信息的载体是经济业务发生的原始凭证，因此初次确认从审核和填制原始凭证开始，对经济业务所产生的原始数据及其内容进行具体的识别和判断，对经过筛选后确认有用的原始数据进行分类，运用复式记账法编制记账凭证，将经济数据转化为会计信息，再登记有关账簿。初次确认的标准主要是发生的经济业务能否用货币计量，如果可以，则通过初次确认即可进入会计核算系统；如果发生的经济业务不能用货币计量，原始经济信息则无法进入会计核算系统。

（2）再次确认

再次确认是指对会计核算系统输出的、经过加工的会计信息进行的确认。再次确认是依据管理者的需要，确认账簿资料中的哪些内容应被列入财务报表，或是在财务报表中应揭示多少财务资料和何种财务资料。再次确认还应包括对已确认过的经济数据在日后因变动产生影响的再次确认。

再次确认实际上是对已经形成的会计信息进行再提纯和再加工，以保证其真实性和正确性，满足会计信息使用者的需要。再次确认的标准主要是会计信息使用者的需要，会计输出的信息应该是能够影响会计信息使用者决策的信息。

初次确认与再次确认的任务是不一样的。初次确认决定经济信息能否转换成会计信息进入会计核算系统，而再次确认则是对经过加工的信息进行再提纯。经过初次确认和再次确认，可以保证会计信息的真实性和有用性。

2.会计确认的标准

会计确认（包括初次确认和再次确认）的核心问题是根据什么标准进行确认。会计确认应当以反映企业管理者的受托责任、提供对决策有用的信息这一目标为原则，并遵循可定义性、可计量性、可靠性和相关性等会计确认的基本标准。

（1）可定义性

首先应确认已经发生的经济业务能否进入会计核算系统，然后再按照会计要素的定义对能够进入会计核算系统的经济业务进行确认，将其具体确认为某一会计要素。

（2）可计量性

可计量性是会计确认的核心，即有关的价值以及流入或流出的经济利益能够可靠地计量。如果不能可靠地计量，确认就没有意义。

（3）可靠性

会计信息应当真实、可靠。首先应如实、完整地反映其应当反映的交易或事项，而且这些交易或事项必须是根据它们的实质，不带偏向地进行核算和反映的经济现实，而不仅仅是根据它们的法律形式进行的核算和反映。

（4）相关性

会计信息的相关性要求企业提供的会计信息应当与投资者等财务报告使用者的经济决策需求相关，这样有助于投资者等财务报告使用者对企业的过去、现在及未来的情况做出评价或者预测。

在以上四个标准中，可定义性和可计量性是主要的标准。

此外，如果会计信息主要反映的是企业经营管理者的受托责任，那么会计确认更强调信息的可靠性；如果会计信息主要是为满足会计信息使用者的需要，那么会计确认更强调信息的相关性。因此，进行会计确认时应在可靠性和相关性之间权衡，以保证输出的信息能够满足各方面的需要。

（二）会计计量

1.会计计量的定义

会计计量是指借助于货币形式对企业经济活动中所包含的数量关系进行计算和确定。会计计量是在会计确认的基础上，使经济活动数量化。就企业经济活动而言，会计确认是解决定性的问题，而会计计量是解决定量的问题。或者说，会计确认解决"是什么"的问题，而会计计量解决"是多少"的问题。例如，如果企业从外部取得了一项专利权，那么会计必须解决两个问题：一是专利权是否应当作为会计信息的内容来记录，以及作为什么内容进行记录；二是企业取得此项专利权实际发生的支出是多少（计算确定该项专利权的实际成本）。前者属于会计确认范畴，而后者属于会计计量范畴。

2.会计计量的属性

美国著名会计学家莫斯特认为，会计计量的构成要素包括必须定量的财产（或属性）和定量该财产（或属性）所采用的计量单位。也就是说，一个完整的会计计量模式，除计量对象外，还应包括计量属性和计量单位两个要素。其中，计量属性是指计量客体的特征或外在表现形式，普遍认可的计量属性有历史成本、公允价值、可变现净值、重置成本、现值等；计量单位是指对计量对象就某一属性进行计量时，具体使用的标准量度，包括名义货币单位和不变购买力货币单位两种。

（1）历史成本

历史成本，又称实际成本，是指为取得或制造某项财产物资而实际支付的现金或现金等价物。在历史成本计量下，资产按照购置时支付的现金或者现金等价物的金额，或者按照购置资产时所付出的代价的公允价值计量。负债按照因承担现时义务而实际收到的款项或者资产的金额，或者承担现时义务的合同金额，或者按照日常活动中为偿还负债预期需要支付的现金或者现金等价物的金额计量。

历史成本具有可靠性，并且其计量的实践经验和理论很丰富。但是，历史成本属性只能反映资源的存在、资源过去和现在用到何处，不能代表可能产生的未来经济利益对资源委托者的报酬。尤其是在物价变动明显时，其可比性、相关性下降，经营业绩和持有收益不易分清，非货币性资产和负债会出现低估，难以揭示企业的真实财务状况。

（2）公允价值

公允价值是指市场参与者在计量日发生的有序交易中，出售一项资产所能收到或者转移一项负债所需支付的价格。在公允价值计量下，企业应当根据交易性质和相关资产或负债的特征等，判断公允价值是否与其交易价格相等。市场交易价格是所有市场参与者充分考虑了某项资产或负债、未来现金流量及其不确定性风险之后所形成的共识。若没有相反的证据表明所进行的交易是不公正的或不是自愿的，则市场交易价格即为资产或负债的公允价值。

公允价值计量具有较强的相关性。用户通过公允价值信息可以了解企业当前所持有的资产负债的真实价值，从而对企业风险及管理业绩进行评价。公允价值对资产，尤其是虚拟资产和软性资产的计量，具有较强的适应性。如期货、期权、远期合约、互换等，这些衍生金融工具只产生合约的权利或义务，而交易和事项并未发生。从法律的角度看，签约双方之间的报酬和风险已经开始转移。为了使会计信息的使用者了解正在发生的业务的现时信息及其可能对企业未来财务状况和经济活动产生的影响程度，就可以使用公允价值计量。运用公允价值计量能够很好地解决会计对该业务进行确认和计量方面的问题。公允价值是理智双方在互不干扰的情况下自愿进行交换的价值，其价值的确定并不取决于业务是否发生。因此，会计可以按公允价值对衍生金融工具产生的权利、义务进行计量和反映，并为会计信息使用者提供信息。

（3）可变现净值

可变现净值是指在正常的生产经营过程中，以预计售价减去进一步加工成本和预计销售费用以及相关税费后的净值。在可变现净值计量下，资产按照其正常对外销售所能收到现金或者现金等价物的金额，扣减该资产至完工时估计将要发生的成本、估计的销售费用及相关税费后的金额计量。

可变现净值又称预期脱手价格。这种计量属性能反映预期变现能力，评价企业的财务应变能力，消除费用分摊的主观随意性。作为资产的现实价值，可变现净值与决策的相关性较强，但不适用于所有资产，因为它无法反映企业预期使用资产产生的价值，也并非所有资产、负债都有变现价值。可变现净值计量属性的缺陷在于，假设企业资源随时处于清算状态，违背了会计持续经营假设。

（4）重置成本

重置成本，又称现行成本，是指按照当前市场条件，重新取得同样一项资产所需要支付的现金或者现金等价物的金额。在重置成本计量下，资产按照现在购买相同或者相似资产所需支付的现金或者现金等价物的金额计量，负债按照现在偿付该项债务所需支付的现金或者现金等价物的金额计量。

重置成本能够避免因价格变动而出现的收益虚计，能够较为客观地评价企业的管理业绩。但重置成本的确定较为困难，无法与原持有资产完全吻合，从而影响信息的可靠性；另外，重置成本仍然不能消除货币购买力变动的影响，也无法以持有资本的形式解决资本保值问题，难以使之后的生产能力得到补偿。

（5）现值

现值是指对未来现金流量以恰当的折现率进行折现后的价值，是考虑货币时间价值的一种计量属性。在现值计量下，资产按照预计从其持续使用和最终处置中所产生的未来净现金流入量的折现金额进行计量。负债按照预计期限内需要偿还的未来净现金流出量的折现金额进行计量。现值计量考虑了货币的时间价值，与决策的相关性最强，能够体现经营管理责任的全部要求。然而，由于现值计量基于一系列假设和判断，难以实现"硬"计量，其未来现金流入量现值是不确定的，因此可靠性较差。

3.会计计量过程

会计计量过程可以分为初始计量和后续计量。

（1）初始计量

初始计量是指对交易和事项的数量加以衡量、计算和确定，以便在复式簿记系统中被记录并转化为货币表现的会计信息。

一般来说，以历史成本计量为中心的传统会计计量侧重于初始计量，这是由会计所处的环境决定的。现代企业制度建立的初期，管理层次对会计信息的需求仍然以事实性信息为主；此外，管理人员的素质也未能达到分析时效信息、预测信息等目的性信息的水平。为实现受托经济责任的评价目标，传统会计要根据历史成本基础和名义财务资本保全概念编制财务报告。随着市场条件的改变，资产定义和资产形态发生了变化，风险价值成为资产价值的重要内容。以历史成本进行的初始计量，已不能满足信息使用者的要求，新经济形势下的信息使用者更注重企业的现在和将来，关注投资的增值性与企业成长价值。信息需求者的这种转变，使会计计量再也不能停留在以历史成本为主的初始计量之上，而是需要提供企业在现实条件下的财务状况和经营成果，即强调用后续计量来反映企业财务状况和经营成果的动态信息。

（2）后续计量

后续计量是指要衡量和确定该交易与事项的货币数量在初始计量后的变动情况。

后续计量与会计环境的变化密切相关，它能准确地体现环境的复杂性、不确定性、风险性，客观地反映经济活动。后续计量适应了信息使用者需求的变化。在初始确认与计量之后，进行后续确认与计量可以反映企业价值的变动，提供风险价值的动态信息，达到计量结果与客观现值的一致，有效地减小对未来现金流量预测的不确定性影响。

（三）会计记录

会计记录是指将对企业经济活动进行会计确认和计量的结果在账户中进行登记，从而达到记录经济交易和事项的目的。会计记录要在专门设置的账户中进行。账户指的是用来分类记录经济交易和事项的一种"工具"，如记录企业库存现金增减变动的"库存现金"账户，记录企业投资者投入资本的"实收资本"账户，记录企业厂房、建筑物和机器设备等财产的"固定资产"账户等。账户应当根据企业经济交易和事项的内容来设定，如资产类账户、负债类账户、所有者权益类账户、收入类账户和费用类账户等。从功能角度来讲，每一个账户都能提供企业某一特定内容（如原材料、应收账款、短期借款、营业收入和管理费用等）在特定会计期间的增减变动及其结果的信息。例如，原材料账户可以提供某一会计期间（月度、季度、半年度和年度等）购入的材料数量、耗费的材料数量和期末持有（结存）的材料数量等信息；实收资本账户可以提供某一会计期间投资者投入的资本数量、企业减少的资本（减资）数量和期末资本的实际数量等信息。

对企业经济交易和事项进行记录，必须采用复式记账法，这是一项国际惯例。按照复式记账法的要求，企业对发生的每一项经济交易和事项，都必须在两个或两个以上的账户中进行相互联系的登记。采用复式记账法可以确保企业的经济交易和事项得到全面和完整的记录，同时，根据经济交易和事项的记录结果，还可以验证经济交易和事项记录过程的正确性。利用复式记账法对企业经济活动进行记录，也是保证会计信息质量、实现会计目标的基础。

（四）会计报告

会计报告是指企业以财务报告的方式将企业的经济活动信息提供给信息使用者。企业会计信息的使用者主要包括企业外部的投资者、债权人、政府及其经济监督管理机构、顾客、社会公众等，以及企业内部经营管理者（企业管理层）。作为向使用者提供对决策有用的信息的主要方式，企业财务报告在内容、格式等方面必须充分考虑信息使用者的要求。财务报告包括财务报表和其他应当在财务报告中披露的相关信息和资料。财务报表是企业财务报告的主体内容，主要由反映企业财务状况的资产负债表、反映企业经营业绩的利润表和反映企业现金流量的现金流量表组成。

企业财务报告披露的会计信息，必须符合会计信息的质量特征要求，包括会计信息的相关性和可靠性等。企业财务报告，特别是财务报表中的信息，来自提供经济活动详细情况的账户资料。也就是说，企业财务报表的编制以账户记录为依据。账户提供企业经济活动某一方面的详细情况，也就是说账户记录以提供分类的经济信息为特征；而财务报表提供企业在一定会计期间的经济活动的整体情况，其提供的经济信息具有全面性、完整性等特征。

会计确认、会计计量、会计记录和会计报告是企业财务会计的基本内容，四者相互关联、相互影响，构成会计信息系统运行的基本程序。

二、会计方法体系

（一）会计方法体系的构成

会计方法是指用来反映和监督会计对象、完成会计任务的手段，随着会计职能和作用的发展而发展。从会计的产生和发展的历史来看，会计方法经历了一个从不完善到比较完善、从不系统到比较系统的发展过程。会计方法是用来反映和监督会计对象的。由于会计对象多种多样、错综复杂，因此预测、反映、监督、检查和分析会计对象的手段不是单一的，而是由一个方法体系构成的。

会计方法主要用来反映会计对象，而会计对象就是资金运动，这是一个动态的过程，由各个具体的经济活动来体现。会计为了反映资金的运动过程，使其按照人们预期的目标运行，必须能够提供反映已经发生或已经完成的经济活动的情况，即具备历史会计信息的方法体系；会计要利用经济活动的历史信息对过去发生的经济活动进行分析和检查，同时预测未来。因此，会计也要能够提供反映预计发生的经济活动的情况，即具备预测未来会计信息的方法体系。为了检查和保证历史信息与未来信息的质量，并对检查结果做出评价，会计还必须具备检查的方法体系。长期以来，评价会计历史信息的方法被归纳为会计分析的方法。因此，会计对经济活动的管理是通过会计核算方法、会计分析方法和会计检查方法等来进行的。

会计核算是依照会计准则的规定，对经济信息进行确认、计量、记录、计算、分析、汇总和加工处理，使其成为会计信息的过程。

会计分析是利用会计核算提供的信息资料，结合其他有关信息，对企业财务状况和经营成果进行的分析研究。

会计检查是通过会计核算及会计分析所提供的资料，检查企业的生产经营过程或单位的经济业务是否合理合法，会计资料是否完整、正确。

会计核算方法、会计分析方法和会计检查方法三者联系紧密、相互依存、相辅相成，形成了一个完整的会计方法体系。其中，会计核算方法是基础，会计分析方法是会计核算方法的继续和发展，会计检查方法是会计核算方法和会计分析方法的保证。

（二）会计核算专门方法

会计核算是会计方法中最基本、最主要的方法，是其他各种方法的基础。社会再生产过程会产生大量的经济信息，依照会计准则的规定对经济信息进行确认、计量、记录、计算、分析、汇总和加工处理，就会产生会计信息。这个信息转换的过程就是会计核算。进行会计核算需要运用设置会计科目及账户、复式记账、填制和审核凭证、登记账簿、成本计算、财产清查和编制会计报表等一系列具体的专门方法。

1.设置会计科目及账户

设置会计科目及账户是对会计对象具体内容进行分类核算的方法。会计对象包含的内容纷繁复杂，设置会计科目及账户就是根据会计对象具体内容的不同特点和经济管理的不同要求，选择一定的标准进行分类，并事先规定分类核算的项目，在账簿中开设相应的账户，以取得所需要的核算指标。

2.复式记账

复式记账是指每一项经济业务都要以相等的金额同时在两个或两个以上的相关账户中进行记录的方法。复式记账法要使每项经济业务所涉及的两个或两个以上的账户之间产生一种平衡关系，以便了解和掌握经济业务的内容，检查会计记录的正确性。同时，采用复式记账法记录各项经济业务，能够全面、系统地反映各项经济业务之间的联系及经济活动的全貌。

3.填制和审核凭证

填制和审核凭证是为会计记录提供完整且真实的原始资料，保证账簿记录正确、完整的方法。会计凭证是记录经济业务和明确经济责任的书面证明，是登记账簿的依据。会计凭证分为原始凭证和记账凭证。对于已经发生的经济业务，必须由经办人或单位填制原始凭证，并签名盖章，且所有原始凭证都要经过会计部门和其他有关部门的审核。只有审核后并被认为是正确无误的原始凭证，才能作为填制记账凭证和登记账簿的依据。因此，填制和审核凭证是会计核算的起点，也是保证会计资料的真实性和正确性的有效手段。

4.登记账簿

登记账簿指的是，根据填制和审核无误的记账凭证在账簿上进行全面、连续、系统记录的方法。账簿是用来记录经济业务发生的簿籍。登记账簿应以记账凭证为依据，按照规定的会计科目开设账户，并将记账凭证中所反映的经济业务分别记入有关账户。这样，利用账簿记录对会计凭证中分散记录的经济业务可以作进一步的分类、汇总，使之系统化，更好地满足信息使用者的需要。此外，账簿记录的各种数据资料也是编制财务报告的重要依据。所以，登记账簿是会计核算的主要方法。

5.成本计算

所谓成本计算，就是对应计入一定对象上的全部费用进行归集和计算，并确定该对象的总成本和单位成本的会计方法。成本计算实际上是一种会计计量活动，它所要解决的是会计核算对象的货币计价问题。因此，广义的成本计算存在于各种经济活动之中，任何一项经济活动，只要被纳入会计核算系统，就存在货币计价问题，而货币计价问题也就是确定用何种成本入账的问题。通过成本计算，可以正确地对会计核算对象进行计价，也可以考核经济活动过程中物化劳动和活劳动的耗费程度，为正确计算经营管理中的盈亏提供数据资料。

6.财产清查

财产清查是通过实物盘点、核对往来款项，来检查财产和资金实有数额的方法。在财产清查中发现的财产、资金账面数额与实存数额不符的，应该及时调整账簿记录，使账存数与实存数保持一致，并查明账实不符的原因，明确责任。清查中发现的积压或残损物资，以及往来账款中的呆账、坏账，要积极清理，并在之后加强财产管理。因此，财产清查是一种保证会计核算资料的真实性和正确性的手段。

7.编制会计报表

编制会计报表是一种根据账簿记录的数据资料，采用一定的表格形式，概括地、综合地反映各个单位在一定时期的经济活动过程和结果的方法。编制会计报表是对日常会计核算的总结，是在账簿记录的基础上对会计核算资料的进一步加工整理。会计报表提供的资料是进行会计分析和会计检查的重要依据。

会计核算方法之间相互联系、相互配合，构成了一个完整的方法体系。经济业务发生时，首先，要根据经济业务的内容取得或填制会计凭证并加以审核；其次，按照规定的会计科目在账簿中开设账户，并根据审核无误的记账凭证，运用复式记账原理登记账簿，对于生产经营过程中发生的各项费用以及各种需要确定成本构成的业务，都要进行成本计算，还要在月末通过财产清查对凭证和账簿记录进行核实；最后，根据核实无误的账簿资料编制会计报表。

（三）会计循环

会计循环是指按照一定的步骤反复运行的会计程序。具体来说，会计循环是在经济业务事项发生时，从填制和审核会计凭证开始，到登记账簿，直至编制财务会计报告，即完成一个会计期间会计核算工作的过程。在连续的会计期间，这些工作周而复始地不断循环进行。会计循环的具体步骤如下：

第一步，初次确认。以能否用货币计量为标准分析已经发生的交易或事项，将能够以货币计量的交易或事项纳入会计处理系统，并确定交易或事项的发生对会计要素的具体影响。

第二步，入账。通过审核原始凭证分析具体的交易或事项，编制会计分录、填制记账凭证或登记日记账，将能够以货币表现的交易或事项记录到会计信息的载体上。

第三步，过账。根据已编制的记账凭证或日记账将信息登记到分类账簿中，以便分类反映各会计要素。

第四步，结账。将各种收入账户和费用账户转到有关账户中，结清收入账户和费用账户，以便结出本期的经营成果。

第五步，编制调整前的试算平衡表。根据账簿中记载的余额、发生额等编制平衡表，以检验账簿记录的正确性。

第六步，编制期末调整分录并过账。依据权责发生制原则对分类账户的有关记录进行调整，以便正确计算当期损益；针对未入账的交易或事项编制调整分录，以使各账户反映最新的情况。

第七步，编制调整后的试算平衡表。由于编制了期末调整分录并已过账，需要再次编制调整后的试算平衡表，再次检验账簿记录的正确性。

第八步，编制正式的财务报表。根据调整后的试算平衡表编制正式的资产负债表和利润表等财务报表。

第四节 会计基本假设

一、会计基本假设的含义

会计工作所处的经济环境十分复杂，受到很多不确定性因素的影响。因此，面对变化不定的经济环境，会计专业人才必须解决以下问题：会计核算的范围有多大；会计为谁核算，给谁记账；会计核算的资金运动能否持续不断地进行下去；会计应该在什么时候记账、算账、报账；会计在核算过程中应该采用什么计量手段；等等。

假设是进行科学研究的基础和起点，是任何学科或理论得以成立的前提。会计基本假设是会计核算的基本前提，它是为了保证会计工作的正常进行和会计信息的质量，对会计核算所处的时间和空间环境所作的合理设定。会计基本假设虽然有人为假定的一面，但是并不会因此影响其客观性。事实上，作为会计活动的必要前提条件，会计基本假设是会计专业人才在长期的会计实践中逐步认识、总结而成的，绝不是毫无根据的猜想或简单武断的规定。离开了会计基本假设，会计活动就失去了其确认、计量、记录、报告的基础，会计工作就会陷入混乱甚至难以持续进行。国际会计界公认的会计基本假设包括会计主体、持续经营、会计分期和货币计量。

二、会计基本假设的要素

（一）会计主体假设

会计主体是指负责会计核算和监督的特定单位或组织。会计主体假设是对会计专业人才进行核算（确认、计量、记录、报告）的空间范围的界定。组织核算工作首先应明确的问题是为谁核算，这是因为会计的各种要素，如资产、负债、收入、费用等都是与特定的经济实体，即会计主体相联系的。总之，一切核算工作都是站在特定的会计主体的立场上进行的。如果会计主体不明确，资产和负债就难以界定，收入和费用便无法衡量，以划清经济责任为准绳而建立的各种会计核算方法的应用也无从谈起。因此，在会计核算中，必须将该主体所有者的财务活动、其他经济实体的财务活动与该主体自身的财务活动严格区分开。

这里应该指出的是，会计主体与经济上的法人不是一个概念。作为一个法人，其经济必然是独立的，因此法人一般是会计主体，但是构成会计主体的并不一定都是法人。比如，从法律上看，独资企业与合伙企业所有的财产和债务，在法律上被视为所有者个人财产延伸的一部分，独资企业与合伙企业在业务上的种种行为仍被视为个人行为，企业的利益和行为与个人的利益和行为是一致的，因此，独资企业与合伙企业都不具备法人资格。但是，独资企业和合伙企业都是会计主体，在会计处理上都要把企业的财务活动与其所有者个人的财务活动截然分开。例如，企业在经营中得到的收入不应计入其所有者的收入，发生的支出和损失也不应计入其所有者的支出和损失，只有按照规定的程序转到所有者名下的，才能算其收益或损失。

以会计主体作为会计的基本前提条件，从空间上对会计核算范围进行有效的界定，有利于正确地反映一个经济实体所拥有的财产及其承担的债务，计算其经营收益或可能遭受的损失，提供准确的会计信息。

（二）持续经营假设

持续经营假设是指在可预见的未来，如果没有明显的证据证明企业违法经营，就认为企业将会按当前的规模和状态继续经营下去，不会停业，也不会大规模削减业务。在此前提下，企业拥有的各项资产就在正常的经营过程中被耗用、出售或转换，承担的债务也在正常的经营过程中被清偿，经营成果就会不断形成，核算在其中的必要性是不言而喻的。如果说会计主体作为基本前提是一种空间上的界定，那么持续经营则是一种时间上的界定。

持续经营假设对于会计来说十分重要，它为正确地确定资产计价、收益提供了理论依据。只有具备这一前提条件，才能够认为资产在未来的经营活动中可以给企业带来经济效益，固定资产的价值才能够按照使用年限的长短以折旧的方式分期转为费用。对于一个企业来说，如果持续经营这一前提条件不存在了，那么一系列的会计准则和会计方法也会相应地丧失其存在的基础，因此会计主体必须以持续经营作为前提条件。

在实务中，要不断对企业是否可以持续经营进行判断和评估；如果不能持续经营，企业应披露终止经营的信息。

（三）会计分期假设

会计分期是指将企业持续经营的经济活动划分为一个个连续的、长短相同的期间，以便分期结算账目和编制财务会计报告。会计分期假设是建立在持续经营基础之上的，也可以说是持续经营假设的必要补充。

从时间上来看，企业的经营活动是持续不断的，但会计为了定期给使用者提供会计信息，就必须将持续不断的经营过程划分成若干期间。会计期间一般按照日历时间分为年、季、月。会计期间的划分是一种人为的划分，实际的经济活动周期可能与此期间不一致，有的经济活动可以在多个会计期间持续进行。但是，与企业有利益关系的单位或个人都需要在一个会计期间结束之后，随时掌握企业的财务状况和经营成果，而不可能等待全部经营过程完结之后再考察企业的经营成果。

会计分期假设是对会计工作时间范围的具体划分。基本会计期间是一个会计年度，国际中各国所采用的会计年度一般都与本国的财政年度相同，中国则以日历年度作为会计年度，即以公历的 1 月 1 日至当年的 12 月 31 日为一个会计年度。确定会计年度以后，一般按日历确定会计半年度、会计季度和会计月度。其中，凡是短于一个完整的会计年度的报告期间均被称为中期。

会计分期假设有着重要的意义。有了会计分期，才产生了本期与非本期的区别，才产生了收付实现制和权责发生制，以及划分收益性支出和资本性支出等要求。只有正确地划分会计期间，才能及时提供财务状况和经营成果的有关资料，才能进行会计信息的对比。可以说，会计分期假设的确立，使得企业可以分期结算账目、编制财务会计报告，从而提供会计信息，同时也明确了记账、算账和报账的时间。

（四）货币计量假设

货币计量是指会计主体在会计确认、计量和报告时，以货币作为计量尺度来反映会计主体的经济活动。用货币来反映一切经济业务是会计核算的基本特征，也是会计核算的一个重要前提条件。选择货币作为共同尺度，以数量的形式反映会计实体的经营状况和经营成果，是商品经济发展的产物。会计计量是会计核算的关键环节，是会计记录和会计报告的前提，货币则是会计计量的统一尺度。在企业的经济活动中，凡是能够用货币这一尺度计量的，就可以进行会计反映，否则就不必进行会计反映。

由于货币币值本身是波动的，会计计量在采用某一货币作为记账本位币时，必须假定货币本身的价值稳定不变，或者变动的幅度不大，可以忽略不计。也就是说，货币计量的前提实际上还隐含着另一个重要前提，即币值稳定前提。

中国企业的会计核算一般以人民币为记账本位币，业务收支以人民币以外的其他货币为主的企业，也可以选定该种货币作为记账本位币，但编制的会计报表应当折算为人民币进行反映。

综上所述，会计基本假设虽然是人为确定的，但完全出于客观需要，有充分的客观必然性，否则会计核算工作就无法进行。以上四项假设缺一不可，它们之间既有联系，也有区别，共同为会计核算工作的开展奠定了基础。

第五节 会计信息的使用者及其质量要求

一、会计信息的使用者

会计信息的使用者主要包括投资人、债权人、企业管理层、员工、政府及其相关部门等。投资人关心的主要是投资和报酬方面的信息，债权人关心的主要是企业的偿债能力，企业管理层关心的是企业的盈利能力，员工主要关注企业的发展前景和就业保障，政府及其相关部门关心的则是社会效益及税收等。随着企业建制的不断完善和资本市场的不断发展，会计信息的使用者也比以往大大增加，包括供应商、客户、竞争对手和社会公众等。

二、会计信息的质量要求

会计信息的质量要求是对企业财务报告中所提供的会计信息质量的基本要求，是使财务报告中所提供的会计信息对报表使用者的决策有用应具备的基本特征。根据中华人民共和国财政部颁布的《企业会计准则——基本准则》的规定，会计信息的质量要求包括可靠性、相关性、清晰性、可比性、实质重于形式、重要性、谨慎性、及时性，这些是会计确认、计量和报告质量的保证。

（一）可靠性

《企业会计准则——基本准则》第十二条规定："企业应当以实际发生的交易或者事项为依据进行会计确认、计量和报告，如实反映符合确认和计量要求的各项会计要素及其他相关信息，保证会计信息真实可靠，内容完整。"

可靠性也称客观性、真实性，是对会计信息质量的一项基本要求。它要求

35

会计信息必须客观存在，且具有可验证性。

会计信息要有用，必须以可靠性为基础。如果财务报告所提供的会计信息不可靠，那么就会对信息使用者的决策产生误导，进而造成损失。为了贯彻可靠性要求，企业应当做到以下三点：

第一，以实际发生的交易或者事项为依据进行确认、计量，将符合会计要素定义及其确认条件的资产、负债、所有者权益、收入、费用和利润等如实反映在财务报表中，不得根据虚构的、没有发生的或者尚未发生的交易或者事项进行确认、计量和报告。例如，某公司于 2019 年末发现公司销售萎缩，无法实现年初确定的销售收入目标，考虑到在 2020 年春节前后，公司销售可能会出现较大幅度的增长，为此公司提前预计库存商品销售，在 2019 年末制作了若干存货出库凭证，并确认销售收入实现。该公司的这种处理不是以其实际发生的交易或者事项为依据的，而是虚构的交易或者事项，违背了会计信息质量要求的可靠性原则，也违背了我国会计法的规定。

第二，在符合重要性和成本效益原则的前提下，保证会计信息的完整性，其中包括编制的报表及其附注内容等应当保持完整，不能随意遗漏或者减少应当披露的信息。

第三，财务报告中的会计信息应当是中立的、无偏见的。如果企业为了达到事先设定的结果或效果，在财务报告中通过选择或列示有关会计信息以影响决策和判断，那么这样的财务报告信息就不是中立的。

（二）相关性

《企业会计准则——基本准则》第十三条规定："企业提供的会计信息应当与财务会计报告使用者的经济决策需要相关，有助于财务会计报告使用者对企业过去、现在或者未来的情况作出评价或者预测。"

相关性也称有用性，是会计信息质量的一项基本要求。它要求企业提供的会计信息必须与投资者等财务报告使用者的经济决策需要相关，有助于投资者等财务报告使用者对企业的过去、现在或者未来的情况做出评价或者预测。

会计信息是否有用，是否具有价值，关键看其与使用者的决策需要是否相关，是否有助于决策或者提高决策水平。相关的会计信息应当有助于使用者评价企业过去的决策，证实或者修正有关预测，因而具有反馈价值。此外，相关的会计信息还应当具有预测价值，有助于使用者根据财务报告所提供的会计信息预测企业未来的财务状况、经营成果和现金流量。

会计信息质量的相关性要求企业在确认、计量和报告会计信息的过程中充分考虑使用者的决策模式和信息需要。相关性是以可靠性为基础的，两者之间并不矛盾，不应将两者对立起来。也就是说，会计信息在具有可靠性的前提下，应尽可能地做到相关性，以满足投资者等财务报告使用者的决策需要。

（三）清晰性

《企业会计准则——基本准则》第十四条规定："企业提供的会计信息应当清晰明了，便于财务会计报告使用者理解和使用。"

清晰性也称可理解性，是一项有关会计信息质量的重要要求。企业编制财务报告、提供会计信息的目的在于使用，而要让使用者有效地使用会计信息，就应当让其了解会计信息的内涵，看懂会计信息的内容，这就要求财务报告所提供的会计信息清晰明了、易于理解。只有这样，才能提高会计信息的有用性，实现财务报告的目标，满足向投资者等财务报告使用者提供对决策有用的信息的要求。

会计信息毕竟是一种专业性较强的信息产品，在强调会计信息的可理解性要求的同时，还应假定使用者具有一定的有关企业经营活动和会计方面的知识，并且愿意付出努力去研究这些信息。对于某些复杂的信息，如交易本身较为复杂或者会计处理较为复杂的信息，与使用者的经济决策相关的，企业也应当在财务报告中予以充分披露。

（四）可比性

《企业会计准则——基本准则》第十五条规定："企业提供的会计信息应当具有可比性。"

可比性要求企业提供的会计信息应当相互可比，这主要包括两层含义：

1.同一企业不同时期可比

为了便于投资者等财务报告使用者了解企业的财务状况、经营成果和现金流量的变化趋势，比较企业在不同时期的财务报告信息，全面、客观地评价过去、预测未来，从而做出决策，要求同一企业在不同时期发生的相同或相似的交易或事项，应当采用一致的会计政策，不得随意变更。但是，满足会计信息可比性的要求，并不意味着企业不可以变更会计政策。如果按照规定或者在会计政策变更后可以提供更加可靠的、相关性更强的会计信息，那么就可以变更会计政策。需要注意的是，有关会计政策变更的情况，应当在报表附注中进行说明。

2.不同企业相同会计期间可比

为了便于投资者等财务报告使用者评价不同企业的财务状况、经营成果和现金流量及其变动情况，会计信息质量中的可比性要求不同企业在同一会计期间发生的相同或者相似的交易或事项，应当采用规定的会计政策，确保会计信息口径一致、相互可比，以使不同企业按照一致的确认、计量和报告要求提供有关会计信息。

（五）实质重于形式

《企业会计准则——基本准则》第十六条规定："企业应当按照交易或者事项的经济实质进行会计确认、计量和报告，不应仅以交易或者事项的法律形式为依据。"

在多数情况下，企业发生的交易或事项的经济实质和法律形式是一致的，但在某些情况下又会出现不一致的情况。例如，企业的非短期租入固定资产，虽然从法律形式上来讲企业并不具有其所有权，但是从其经济实质来看，企业能够在一定程度上控制租入固定资产所创造的未来经济利益，因此，在会计上就应当将其作为企业的使用权资产进行确认、计量和报告。又如，企业按照销售合同销售商品但又签订了售后回购协议，虽然从法律形式上实现了收入，但如果回购是确定事项，且回购价格确定，则其经济实质往往只是以商品为抵押进行融资，即使签订了商品销售合同或者已将商品交付购货方，也不应当确认销售收入。

（六）重要性

《企业会计准则——基本准则》第十七条规定："企业提供的会计信息应当反映与企业财务状况、经营成果和现金流量等有关的所有重要交易或者事项。"

在实务中，如果会计信息的省略或者错报会影响投资者等财务报告使用者据此做出决策，那么该信息就具有重要性。重要性的应用需要依赖职业判断，企业应当根据其所处环境和实际情况，从项目的性质和金额两方面进行判断。对于不重要的经济业务，可以进行简化处理，不必在会计报表上详细列示。例如，在我国，上市公司被要求对外提供季度财务报告，考虑到季度财务报告披露的时间较短，从成本效益原则考虑，季度财务报告没有必要像年度财务报告那样披露详细的附注信息。

（七）谨慎性

《企业会计准则——基本准则》第十八条规定："企业对交易或者事项进行会计确认、计量和报告应当保持应有的谨慎，不应高估资产或者收益、低估负债或者费用。"

谨慎性，又称稳健性，是指一项经济业务在有多种会计方法可供选择时，应尽量选择不高估资产和收益，又不低估费用和负债的方法。在市场经济环境下，企业的生产经营活动面临许多风险和不确定性，如应收款项的可收回性、固定资产的使用寿命、无形资产的使用寿命和售出存货可能发生的退货或者返修等。会计信息质量中的谨慎性要求，当企业需要在面临不确定性因素的情况下做出职业判断时，应当保持应有的谨慎，充分估计可能发生的各种风险和损失，既不高估资产或者收益，也不低估负债或者费用。如要求企业对可能发生的资产减值损失计提资产减值准备，对售出商品可能发生的保修义务等确认预计负债，就体现了会计信息质量的谨慎性要求。

谨慎性的应用也不允许企业设置秘密准备，如果企业故意低估资产或者收益，高估负债或者费用，将不符合会计信息的可靠性和相关性要求，会降低会计信息质量，扭曲企业实际的财务状况和经营成果，因而对使用者的决策产生误导，这是会计准则所不允许的。

（八）及时性

《企业会计准则——基本准则》第十九条规定："企业对于已经发生的交易或者事项，应当及时进行会计确认、计量和报告，不得提前或者延后。"

及时性是指会计信息的时效性。会计信息的价值在于帮助使用者做出经济决策，即使是可靠、相关的会计信息，如果不能及时提供，也会失去其时效性，从而降低信息的使用效益，甚至导致信息不再具有实际意义。在会计确认、计量和报告过程中贯彻及时性，一是要求及时收集会计信息，即在经济交易或者事项发生后及时收集和整理各种原始单据或凭证；二是要求及时处理会计信息，即按照会计准则的规定及时对经济交易或者事项进行确认和计量，并编制财务报告；三是要求及时传递会计信息，即按照国家规定的有关时限及时地将所编制的财务报告传递给财务报告使用者，便于其及时使用和进行决策。

在实务中，为了及时提供会计信息，可能需要在获得全部有关交易或者事项的信息之前就进行会计处理，这样就满足了会计信息的及时性要求，但可能会影响会计信息的可靠性；反之，如果企业等到获得全部与交易或者事项有关的信息之后再进行会计处理，将会大大降低财务报告使用者决策的有用性。这就需要在及时性和可靠性之间做好权衡，以最大限度地满足财务报告使用者的经济决策需要为判断标准。

第二章 会计专业人才核心能力及其缺失探究

第一节 会计专业人才核心能力的界定

一、核心竞争力

1990 年，美国知名管理学家加里·哈默尔和 C.K.普拉哈拉德在《公司的核心竞争力》一文中明确提出"核心竞争力"这一概念。核心竞争力是指一个企业所具有的最基本的，以知识和创新为内核，能够获得长期竞争优势和超额利润的、经得起时间考验的、难以被模仿和超越的能力。随着世界竞争的加剧、产品生命周期的缩短以及全球经济一体化的加强，拥有核心竞争力的企业必须具备规范化管理、资源竞争分析、竞争对手分析、市场竞争分析、无差异竞争、差异化竞争、标杆竞争和人力资源竞争的优势，同时具备企业技术、产品、文化等综合竞争的优势。

近年来，核心竞争力在各个领域都受到了不同程度的重视，特别是在经济领域，各种企业都有其发展的核心竞争力，如华为技术有限公司注重科技创新、小米科技有限责任公司重视知识产权、四川海底捞餐饮股份有限公司注重管理和服务模式、贵阳南明老干妈风味食品有限责任公司重视品牌效应、阿里巴巴（中国）网络技术有限公司重视文化和时代需要，这正是国内知名企业取得巨大成功的根本原因。随着高等教育大众化和教育需求多样化的发展，注重高校会计专业人才的核心竞争力，突出本校办学特色，推动一流大学和一流学科建设，是高等教育高质量、可持续发展的首要任务。

二、会计专业人才的核心能力

会计专业人才的核心能力主要包括账务处理能力、财务报告能力、战略规划能力、税务处理能力、审计与内部控制能力、财务分析与预测能力六个方面。

（一）账务处理能力

账务处理能力主要是指具备从审核原始凭证、编制记账凭证开始，到记账、对账、结账等一系列会计处理，最后编制出会计报表的能力。账务处理能力包括账务处理和账务核对两方面的能力。账务处理能力包括明细核算和综合核算两个系统的全部处理过程；账务核对能力是防止账务出现差错，保证账务记载正确，保护资金安全的能力。

（二）财务报告能力

财务报告能力主要是指具备编制、分析、使用反映企业财务状况和经营成果的资产负债表、利润表、现金流量表、所有者权益变动表、附表及会计报表附注和财务情况说明书的能力。

（三）战略规划能力

战略规划能力主要是指具备制定和组织长期目标并付诸实践的能力。战略规划是企业战略管理的重要组成部分，它包括三个阶段：第一个阶段就是确定目标；第二个阶段就是要考虑使用什么手段、什么措施、什么方法来达到这个目标，即制定规划；第三个阶段就是将战略规划形成文本，以备评估、审批，以及修正的过程。

（四）税务处理能力

税务处理能力主要是指具备根据税法和实施细则的规定，在纳税义务发生时处理股息、红利等权益性投资收益的能力。国家税务总局早在 2013 年 12 月就提出了到 2020 年基本实现税收现代化的目标，税务处理能力培养应着眼于会计专业人才培养的复合化和全球化。

（五）审计与内部控制能力

审计与内部控制能力是指确认、评价企业内部控制有效性的过程，包括确认和评价企业控制设计和控制运行缺陷、缺陷等级，分析缺陷形成的原因，提出改进内部控制建议，是企业经营管理，提高经济效益的自我需要。审计与内部控制是企业管理中的重要组成部分，可以帮助企业控制经营成本，提升企业的市场竞争力；能够帮助企业及时发现内部的财务问题，规避经营风险。

（六）财务分析与预测能力

财务分析与预测能力是实现企业稳定发展的重要管理能力。财务分析不及时、缺乏预见性、不能及时提出改进措施等都会影响企业的管理和经营状况。熟练掌握企业盈利能力、偿债能力、运营能力等分析能力，是会计专业人才必须具备的专业能力。

第二节 会计专业人才核心能力缺失的原因分析

我国高校在追求高质量发展的同时，还需要重视会计专业人才核心能力的培养，提升会计专业人才培养质量有助于实现 2035 年的远景目标。新时代，在我国高校会计专业人才培养过程中，由于目标定位不清、课程设置滞后、教学方法单一、教师专业技能不足、校企合作不畅、忽视学生个性发展、缺乏专业实习经验等，导致会计专业学生的税务处理能力、战略规划能力、审计与内部控制能力、财务分析与预测能力四大会计核心能力缺失。

一、目标定位不清及目标设置难度不合理

目标设置理论认为，目标本身具有激励性，它能够将某个方面的需要转化成动机，激励人们朝着一个特定的方向努力发展。英国教育家洛克认为，目标设置必须要具体且便于测定，目标越具体，实现的可能性越大；并且他认为目标的设置必须要有一定的难度和挑战性，但也不能太难，必须在可接受的范围内，对目标的完成情况要能及时反馈。因此，目标定位不清甚至目标设置难度不合理，以及反馈不及时等问题，都将导致会计专业人才核心能力的缺失。从国家教育目的的确立到教师教学目标的细化，各种目标之间是具体和抽象的关系，它们彼此相关，但不能被替换。因此，对于会计专业人才核心能力的培养，不仅需要国家制定出一套具有决策作用、调控作用、激励作用、评估作用和选拔作用的机制，还需要各级各类院校依据其教育宗旨和教育目的制定出一套具有自身特色、难易水平适当的人才培养方案；需要对高校会计专业课程目标进行价值和任务界定；还需要会计专业的教师提前制定每一节课、每一单元甚至

每一学期的教学目标，并能做到适时更新。而我国高校在会计专业人才培养过程中，出现了目标定位不清和目标设置难度不合理的双重问题。

（一）目标定位不清

调查结果显示，长期以来我国高校会计专业人才培养目标一直被认为是"培养能在会计师事务所、企事业单位、行业企业、科研机构从事会计实际工作和本专业教育教学、科研工作的德才兼备的高级专门人才"。随着经济带的建设与发展，外商投资企业等各种行业对出纳、会计、审计、评估管理咨询等会计相关专业人才都有巨大的需求，这为会计专业学生的就业和未来发展提供了广阔的市场发展空间。

但各行各业对基层会计专业人才的需求基本上仍处于一种饱和的状态，需要的是具有账务处理能力、财务报告能力、税务处理能力、战略规划能力、审计与内部控制能力、财务分析与预测能力这六大核心能力的更出色的会计专业人才。另外，部分高校的目标定位不清且重复现象严重，没有办学特色，不能紧跟时代发展适时更新人才培养目标和教学目标。现在大多数会计专业的毕业生就业状况不佳，主要原因是学生对目前的就业形势认识不到位，甚至产生错误解读，但主要是高校对学生的职业规划培训和教育不到位。如果学生对学习的内容没有任何兴趣，没有明确的学习目标，可能无论选用哪种教学方法和培养途径都不能达到最终的培养目标。只有将高校的培养目标、课程建设目标、师资教学目标统一起来，使各个层次的目标清晰且难度适宜，才能提高会计专业人才核心能力的培养质量。

（二）目标设置难度不合理

根据协同发展理论的观点，如果会计专业人才培养不能有效协调各种会计专业能力，将不利于会计专业人才对核心技能的掌握。例如，某些高校一味地注重学生的会计专业知识和能力培养，忽略了非专业技术知识和职业价值观的培养，忽略了在经济全球化背景下的会计相关专业人才所需知识和能力的培养。同时，部分高校的目标定位难度不合理：目标难度定得太高，内容多、课时量大，教学内容没有顺序，任务难度不适合学生现阶段的学习，这将导致学生学习积极性不高；目标定位过低，加之课堂教学枯燥乏味，导致学生逃课现象频繁出现，甚至给学生带来一种错觉，即学生片面地认为自己只要经过四年制的会计专业学习之后，便可以发展成为一个具备会计专业方面知识和技能的"高级会计专业人才"，导致其在择业时对工作岗位的选择不切实际，好高骛远。高等教育无疑是培养大规模、高水平、高层次和高质量会计专业人才的最大平台，是专业化人才培养的最好选择。如何利用高等教育平台培养一批既具备会计专业核心能力，又具备过硬综合素质和能力，还具备国际化专业水平的高质量会计专业人才，是我国高等教育改革的历史使命。高校普遍关注学生的会计基本理论知识及会计实务操作能力的训练，虽然很大程度上能够满足会计师事务所、金融机构、银行、证券公司及其他外资企业对会计专业人才的要求，但有些高校自身所制定的培养目标仍然存在一些不足，如会计基础理论知识和专业技术人才的培养目标定位太低，过于宽泛、重点不明确，在专业核心技能的培养上目标指向性差别较小，部分高校的会计专业培养方案的同质化问题严重，等等。尽管部分高校的培养方案有所改变，但实际上课程结构体系，教学方法和手段、内容等都太过于专业化，在综合能力的培养和国际化战略性能力的培养上也相对不足，诸多因素都会导致培养方案无法落到实处，同时也导致教学质量参差不齐，无法满足新时代企事业单位对具备会计专业核心能力人才的大量需求。

二、课程设置滞后

目前，我国高校会计专业课程设置在时限性、预见性、具体化、操作性等方面存在诸多问题，主要表现为以下四个方面：

（一）课程设置不合理

部分高校的课程设置由于缺少整体规划，导致课程之间重复问题严重，专业核心课和相关专业选修课的课时分配不合理、层次不明确，多数只重视本专业的基础理论课，对于具有实践操作性的课程的重视程度不够、安排的课时较少。虽然已经设置了与专业相关的实践课程，但是这些课程的内容只是对会计实务操作的简单模拟，多是向学生详细地介绍各种操作步骤，而很少引导学生进一步地思考更深层次的问题，这将直接导致学生在毕业后走上会计岗位进行工作时难以有效解决相关问题。

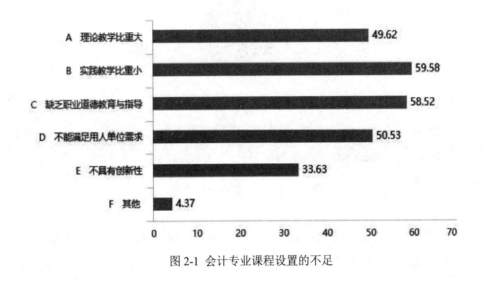

图 2-1 会计专业课程设置的不足

图 2-1 显示的调查问卷结果可知，有关会计专业的课程设置问题，大量学生认为理论教学比重大，59.58 %的学生认为实践教学比重小，不能满足用人单位需求。高校会计专业在课程设置上不仅具有上述问题，还存在缺乏职业道德教育的问题，这都会导致会计专业人才核心能力的缺失。

（二）教材内容框架设置不合理

近年来，我国的会计准则与会计制度发生了变革、进行了更新，而教科书以及其他教学内容却未能及时更新，导致学生所学的知识与实务性工作相脱节。教材的更新速度缓慢、内容陈旧，不利于学生及时地掌握相关的专业知识和核心技能；同一门课程的教材不同，各版本之间往往存在内容重复的现象，不利于培养学生的学习自主性和提高学生的学习效率。

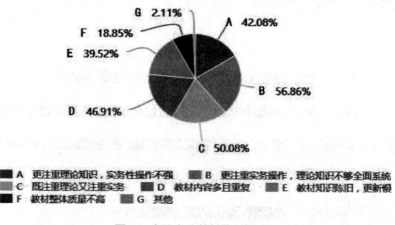

图 2-2 会计专业教材使用情况

图 2-2 显示的调查问卷结果可知，会计专业教材的使用情况可以概括为：更注重理论知识，实务性操作不强；更注重实务操作，理论知识不够全面系统；既注重理论又注重实务；教材内容多且重复；教材知识陈旧，更新慢；教材整体质量不高等。

（三）课程设置内容狭窄

目前，会计课程的选择和设置不能及时适应当前会计行业变革的需要，不能够适应当前会计专业人才需求变革的步伐。问卷调查结果显示，50％以上的学生认为自己学校的会计专业课程设置缺乏会计职业道德教育和指导。新的时代，随着"互联网+"、人工智能、区块链等技术的飞速发展，新媒体和电子商务等企业快速发展，会计信息化、电算化的步伐加快，在虚拟市场经济的大环境中，会计职业道德就显得更加重要。虽然有一些高校已经开设了"财经法规与会计职业道德"这门基础课程，但是并没有对其给予应有的重视，如此一来就导致本门课程流于形式，没有采取切实可行的教育手段来加强学生的财经法规教育和提高学生的会计职业道德水平，这也正是大部分学生对自身职业道德重要性的认识不到位的一个主要原因。

（四）专业核心课程缺乏创新性

我国会计教育近年来大都以初级会计、中级会计、高级会计、成本会计、审计、财务管理等课程作为专业核心课程，而管理会计等管理类课程和会计电算化等实践类课程，甚至国际会计等课程大都被设置为专业选修课。

新时代的"互联网+"、人工智能、区块链经济飞速发展，新媒体平台、电子商务企业的发展，对具有战略决策、财务分析、税务处理、审计与内部控制等会计核心能力的会计专业人才的需求与日俱增，而高校没有重视相关课程的教授，也没有及时更新相关教材内容，没有开设新时代会计行业发展需要的相应课程，这些问题都会直接导致会计专业人才核心能力的缺失。

三、教学方法单一

教学方法主要是指教师为了完成课堂教学任务所采用的教学方式，是教师引导学生掌握所学知识和技能，促进学生专业发展的途径。具体的课堂教学方法有很多，但是每种教学方法的指导思想不同，会带来不同的教学实施效果。

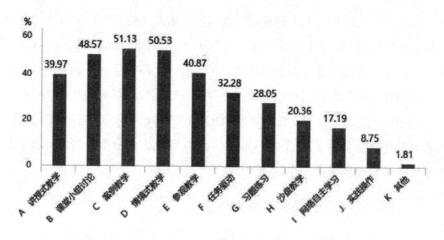

图 2-3　会计专业课程教学方法使用情况

　　图 2-3 显示的调查问卷结果可知，高校会计专业在开展教育教学活动的过程中所运用的课堂教学方法，主要包括讲授式教学、课堂小组讨论、案例教学、情境式教学、参观教学、任务驱动、习题训练、沙盘教学等。

　　大多数高校对会计专业设想的理想教学状态是运用传统的讲授式教学方法以及运用案例教学法、问题讨论法、情境式教学法等启发式教学模式进行教学；而在实际的教学过程中，大都强调对理论知识的讲授和记忆，教学过程过多地依赖教材。这种以教师为中心的教学，导致学生缺乏创造性以及主动发现、学习的能力，本质上仍然是一种注入式的教学。由于高校过分地强调知识的掌握和获取，而忽略了对个人能力的培养，尤其是对核心专业技术能力的培养和发展，因此，学生只是被动地、消极地接受知识，在学习目标上仅仅注重"应知应会"，不会有意识地去主动思考和探索书本以外的知识。教师与学生之间缺乏有效的沟通和必要的交流，将导致学生只能被动地接受知识、机械地记忆、被动地模仿等。此外，会计也是一门理论性和实践性很强的专业，由于在实践中缺乏有效的教学辅导，学生只能简单地掌握教材上的知识和内容，掌握一些抽象的概念、原理和规律，直接导致会计专业毕业生在经过四年的专业学习后，还是不能满足会计岗位对会计专业人才专业能力的需求，缺乏会计从业所需要的核心能力。

从我国总体情况来看，大部分会计课程的教学方式都显得呆板、简单、乏味，在实际的会计教学过程中，仍然是采用了教师单方面灌输的教学方式和学生被动地学习的学习方式。显然，这已不能满足当前社会对高素质会计专业人才的需求。因此，必须建立起理论与实践相结合的多元化的教学模式，融"教、学、做"为一体，让广大学生充分参与会计实务的操作流程，实现所学知识、技能、流程与手段等方法之间的统一。对于简单而复杂的理论课程，"在做中学"的模式更能够充分调动学生自主学习的积极性。目前，会计专业的课堂教学主要是以传统的理论和实践为主，如果教师的课堂设置方式简单又守旧，那么会计教学课堂将会更加枯燥乏味，导致学生缺乏学习兴趣，不能更好地发挥其主观能动性。

四、教师专业技能不足

大学孕育大师，大师成就大学。能否培养出高质量、具备核心技能的会计专业人才的关键在于是否拥有一支具备专业技能的会计专业教师队伍。新一轮的科技和工业革命正在孕育，各行各业对会计专业人才的需求越来越紧迫，要求也越来越高。会计学是一门实践性、应用性很强的学科，迫切需要会计专业的在职教师努力向"双师型"方向发展，即要求会计专业教师在熟练掌握理论和实践教学能力的同时，还要具备会计账务处理、税务处理、管理与咨询、审计与服务等会计相关专业核心能力的教学能力。长期以来，"双师型"教师的数量和教学质量都不能满足我国经济社会的需要，导致会计行业陷入了供需结构性矛盾的双重发展困境。

随着我国社会经济发展水平的不断提高，各个行业、企业对会计专业教师和人才质量的需求越来越多。中华人民共和国教育部在报告中明确指出，我国职业教育改革与发展的模式出现重大转变，即要从传统的注重教师数量向注重教师质量的发展方向转变。对我国会计专业"双师型"教师队伍进行大力培养，可以不断地提升我国会计专业的师资水平和教学水平。因此，各部门需要进一步加大合作力度，提高我国会计专业教师队伍质量，进而提高我国高校会计专业人才培养的质量以及会计专业人才的核心竞争力。

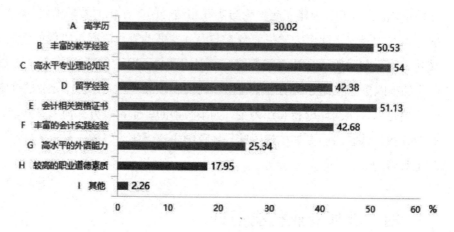

图 2-4 会计专业人才核心能力培养需要的师资水平

图 2-4 显示的调查问卷结果可知，会计专业教师必须具备高水平专业理论知识、丰富的会计实践经验，具有高学历和会计相关资格证书，同时具有留学经验、高水平的外语能力、较高的职业道德素质，等等。

高校教师自身专业技能不足，会直接导致会计专业学生核心能力的缺失。随着开设会计学相关专业的高校增多，会计学专业大量扩招，需要引进大量师资来进行会计专业教学。大部分高校选择从应届硕士毕业生中选拔会计学专业青年教师，而青年教师进入工作岗位前往往只进行简单的培训，然后直接进入高校实习，没有经历过真实的会计实训和业务处理。青年教师自身并不知道企业需要的会计专业人才应该具备怎样的会计专业技能，因此他们必然不能培养出具备会计专业核心能力的学生。尽管高校在校内拥有一定数量的"双师型"教师及校外指导教师，但是校内的教师和校外的指导教师之间责任分工不清，容易导致在工作中出现推诿扯皮、效率低下等现象。高校在每个学期的开始就已经提前为学生安排好了课表及教学进度，而校内与校外的教师之间基本很难有接触与交流，更谈不上在教学上进行良好的沟通和协作。校内外教师缺乏必要的沟通，使得教学过程中经常出现知识遗漏和重复教学的现象，这会直接导致会计专业学生的核心能力缺失。

五、校企合作不畅

校企合作是高校培养会计专业人才的新型模式，是一项涉及多个部门的系统工程。高校会计专业人才培养工作，尤其校企合作可以借鉴协同理论。依据协同发展理论的观点，高校培养以市场为导向的会计专门人才，不仅需要高校单一主体的努力，而且离不开行业和企业的共同努力。

"校企合作、协同育人"是目前很多高校都在做的事情，甚至有的高校与企业合作，以"订单班"的形式共同培养所需人才，会计专业也不例外。但是很多高校打着校企合作的幌子招生，让家长和学生以为进入高校且成功毕业之后就可以找到好工作，实际上这些院校的校企合作办学方式没有实质性的进展，即使有，也是与很少的一部分企业合作，实习岗位少，不能满足大量学生的实习需求。目前有很多高校在协同育人方面还存在认识上的缺陷：一方面，认为校企合作是利用企业提供的平台让学生进行实习锻炼，学生即使可以去企业参观学习，也只是"走马观花"；另一方面，认为校企合作仅仅需要教师帮助学生联系好企业，那么学生的上岗任务也就算顺利完成了，而之后的实习过程更是只能依靠学生以及企业的指导教师，理论技术方面的提升相对较少，学生并不能真正被培养成具备核心技能的专业型人才，只能算是拥有熟练操作技术和经验丰富的员工。另外，校企合作还存在以下问题：学生在了解会计核算流程时仅了解会计成本计算，开展实习实训时并没有进行真正的实务操作，仅停留在财务软件模拟仿真上；高校在制定人才培养方案时，与企业缺乏沟通和协作，缺少整体规划、监督管理和考核机制；教师只关注自己在校内负责的实训实习内容，而不能从校企合作的高度充分地认识和理解人才培养的重要性。

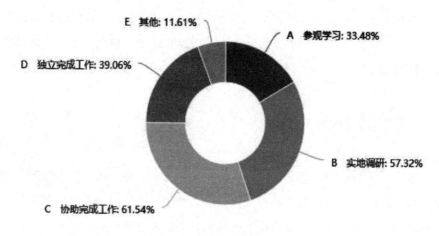

图 2-5 校企合作的形式

图 2-5 显示的调查问卷结果可知，高校的校企合作主要包括实地调研、参观学习、协助完成工作、独立完成工作等，但是能够独立完成工作的学生占比很小，大多数校企合作都是流于形式，达到的效果不能真正满足会计专业人才核心能力培养的需要。在新时代，培养会计专业人才，高校除了要及时更新理论知识，还要使学生掌握与时俱进的专业技术，具备基本的实践操作能力和解决问题的能力。学生即使进入企业实习，也学不到全面、系统的会计工作流程；高校即使从企业引进高级会计专业人才，由于他们缺乏系统的会计基础知识和教学经验，教学质量和效率也不能有效提高。校外具有会计工作岗位的企业并不能给学生提供足够的实习岗位，因此高校需要在校内对学生进行统一的、规范化的模拟和实训。校内与校外实践经验的缺失，会导致学生在参加工作时要么敷衍了事，要么成为企业或工厂的低廉劳动力，这与高校的培养目标存在很大的差距。

第三节 构建"五位一体"的会计专业人才培养体系

　　对五所高校会计专业人才核心能力缺失的原因进行分析论证，并结合调查结果（如图4-7所示）可知，只有在政府机构、高校、行业企业、社会组织和专业教师这五个主体之间，明确人才培养目标、优化专业核心课程、强化实践教学、打造"双师型"教师队伍、深化校企合作这五个内容要素（如图4-8所示），协同构建"五位一体"的会计专业人才培养体系，才能更好地从根本上提高会计专业人才的核心能力，以满足不断变化的市场需求。

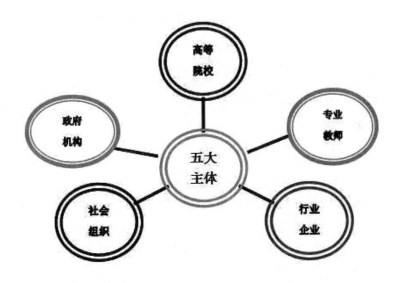

图 2-6 会计专业人才培养体系的五大主体

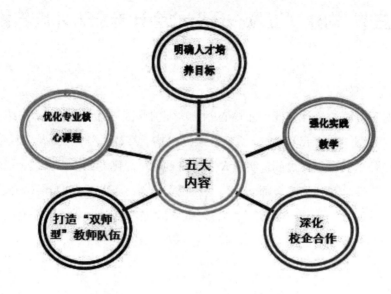

图 2-7　会计专业人才培养体系的五大内容

一、明确人才培养目标

人才培养是一个整体性和系统性的过程，"培养什么样的人"和"如何培养人"是会计专业人才培养亟待解决的问题，而明确会计专业人才的培养目标是会计教育的出发点和落脚点。当前我国经济发展对会计专业人才的需求和供需结构性矛盾，在一定程度上决定了高校对会计专业人才培养目标的定位。

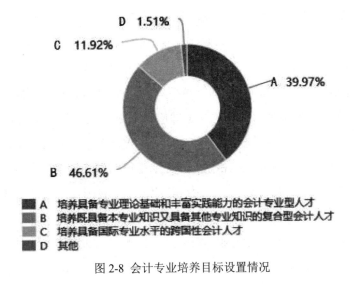

图 2-8 会计专业培养目标设置情况

图 4-9 呈现了高校会计专业学生对于会计专业培养目标的认识，即在充分了解本校会计专业培养方案的基础上，大部分学生认为，会计专业应该将专业培养目标定位在培养具备专业理论知识和丰富实践能力的会计专业型人才，或既具备本专业知识又具备其他专业知识的复合型会计专业人才；部分学生认为，培养具备国际专业水平的跨国性会计专业人才也同样重要。

（一）制定清晰的会计专业人才培养目标

为应对激烈的行业竞争和快速的市场需求变化，高校应确立新的课程目标和教学方向，即在培养应用型会计专业人才的基础上，加快推进对复合型会计专业人才的培养；要培养会计学科专业人才的核心技术能力，使会计专业的毕业生都能够跳出当前的就业瓶颈，实现多渠道、不同形式的就业，为会计行业注入新鲜的"血液"。

目标设置理论强调引导为先，要用目标引导受教育者的学习活动，体现以人为本和以学生为中心的教育观，重视学生主体自我效能感的实现。高校应根据目标设置理论，架构以学生为主体、以市场需求为导向、以促进学生发展为目的，且符合社会与时俱进的需求、适应学生不同发展阶段的特点、满足学生学习兴趣与要求、符合学生全面发展需要、具有动态性及客观性的目标体系。为了适应社会对高质量会计专业人才的要求，人才培养目标的建立应在国家高等教育目标的基础上，依据高校自身的办学特色，结合社会发展的需求，从课程目标的确定到教师教学目标的制定都应该立足于培养学生的会计专业核心能力。在人才培养中，高校要对会计专业进行重新整合、取长补短，将经济市场发展的现状与高校培养目标相结合，也就是所谓的产学研结合。在新的市场经济形势下，国家要将会计专业人才培养的定位与我国社会经济发展的需求进行融合，在不断提高我国高等教育发展水平、创新能力和适应性的基础上，用目标引导课堂教学，以最终就业的目标或方向为导向来确定未来的就业方向，优胜劣汰，提高会计专业人才的核心竞争力。随着世界经济全球化进程的不断推进，迫切需要各个学校将高等教育的课程建设目标确立在国际化的水平上，培养一批熟知中国国情、具有国际眼光、具备敏锐的会计判断力、熟悉并掌握国际惯例、具有国际协调能力和管理能力的高质量、多元化的会计专业人才。

（二）设置难度合理的会计专业人才培养目标

根据建构主义的观点，会计专业的学习在整个学习的过程中，应该是一个需要学生主动参与知识建构的过程。因此，会计专业人才培养目标的制定需要学生和教师共同参与。人才培养目标的定位难度应同时适合教师的"教"和学生的"学"，即内容设置合理、课时量适中，按学期、顺序设置课程教学进度，不陵节而施。任务难度适合学生现阶段学习的需要，有利于提升学生的学习积极性。同时，教师需要了解学生身心发展的规律，以学生为中心制定个性化的教学目标，让学生进入会计工作现场（或会计模拟现场），让他们在了解会计工作性质后，根据自身兴趣制订会计学习内容和计划，这样才能充分发挥学生的主观能动性，消除学生"60分万岁"的思想。

"大学之教也，时教必有正业，退息必有居学。"会计专业教育应该培养学生具有获得高级会计师所需要具备的相关专业核心技能的态度和方法，使他们树立终身学习的观念。不管在高校里学习，还是步入社会投入工作，学生都要拥有一颗积极向上的心。高校在培养职业会计师时，必须重视对会计职业道德价值观和会计法律法规等职业能力必备素质的教育，更重要的是在此基础上培养会计专业学生的会计专业核心能力。

二、优化专业核心课程

会计专业人才教育应该以时代发展为推动力，只有打造会计专业核心课程，才能提高会计专业人才的核心能力和市场竞争力。会计教学中最重要的是核心课程框架的构建，以精准的培育目标作为指南和方向，不仅仅停留在对理论知识的传播和教授上，还应当充分结合时代发展和社会进步的需要，注重实践操作技能的教授。

构建一套科学合理的课程框架，需要将理论知识与实践课程有机地融合，推动核心知识和能力共同提高，由易到难、层层递进。课程质量直接决定了高校会计专业人才的培养质量。同时，高校要对会计专业学生的理论知识和实务操作能力进行培训，提高学生的会计基本技能和综合素质，这样才能培养出符合用人单位要求并且能够熟练地掌握各种专业操作技巧的高素质、高层次、复合型会计专业人才。这就需要高校综合各种专业，进一步完善现行的专业课程系统，具体原因包括：会计信息化、会计电算化都需要会计专业学生熟练掌握计算机应用及操作能力；全球经济的发展需要会计专业学生具备必要的税务、法律法规知识和英语交流能力；不断改善会计管理环境的需要；电子商务、知识付费、短视频平台、直播带货等新型经济行业的发展要求会计专业学生除了学习管理学相关的知识，还要拓展多学科领域的专业知识。

为减少会计舞弊事件的发生，高校在会计教育教学过程中应结合会计专业学生的心理发展特征，强化对会计专业学生的职业道德教育，专门设置会计职业道德这一课程，且在会计教学中穿插会计道德教育，可以是与会计道德相关的案例教学，也可以是定期举行的会计道德教育主题班会；或进一步增加会计法律法规和职业道德课程的开设比例，招聘法律和政治等相关专业教师进行授课，提高会计专业学生的法律意识，教育学生远离逃税漏税等违法行为，合理规避法律风险。

会计工作的职责是向企业管理者或社会提供所需要的会计信息，便于投资者做出正确的经济决策，尤其核算和监督两大会计职能的工作内容直接关系企业的经济发展命脉。因此，会计专业人才要具备较强的社会法治意识和正确的职业道德观念，加强自我约束，具备应对各种不良的经济利益诱惑的能力。会计学科本身就应该把"财经法规与会计职业道德"这门基础性的课程分开安排和教学，即把它划分为"会计财经法规"和"会计职业道德"两门课程，并且还要增加一些课时。高校会计专业核心课程大纲的制定与课程的设置需要始终紧跟时代发展的步伐，还要结合就业市场需求及往届毕业生的实际就业情况和发展状况，独立自主地在学年内对其所有相关专业课程教学内容进行不断总结、纠正和更新。当前会计专业核心课程主要包括中级财务会计、财务管理、管理会计、高级财务会计、审计等课程，为适应会计核心能力的培养要求，还应开设关于战略规划、企业并购与重组、内部控制、税务处理、投资和融资决策、公司治理等属于培养会计专业人才核心能力的课程；要增设与计算机专业相关的信息技术分析、企业人力资源管理、国际性法律法规等专业课程，提高会计专业学生的整体操作能力，培养其既掌握经济学、管理学的基础理论知识，又具备从事会计工作的实践技能；同时，还应开设相关课程，及时向学生传授会计实务领域的最新知识和可操作性的专业技能。

三、强化实践教学

教育与生产劳动相结合的理论强调，高校在实施和组织教育的过程中，要注意合理地分配和协调劳动与学习时间之间的比例，不仅要拒绝不劳动只读书的传统教育，还要拒绝用劳动来代替传统文化和科学知识的学习。会计教学要合理地分配理论知识学习时间与实践操作技能学习时间之间的比例关系。依据现在的比例关系，高校要提高会计专业人才的核心能力，就要增加会计专业学生实习、实训、锻炼的时间，注重对学生的实际操作技能的训练。在实践性教学发展的过程中，高校应充分强调与企业的紧密联系，顺应国家的要求，增加会计模拟实训班，构建具有实践性的教育教学活动；同时，借鉴国际先进的课程教学模式，运用集"教、学、做"为一体的会计教学模式进行教学。

建构主义理论注重情境式课堂教学，会计专业的课堂教学应该按照不同的岗位特征设计不同的情境，让教师寓教于乐，促进学生积极、主动地学习，使学生充分发挥在会计学习和工作中的主观能动性。借鉴国际先进的课程框架，采用问题式、讨论型、启发式、探索型、研究型的教学模式，有利于培养学生独立思考的能力和发散性的思维。

"教亦多术矣，运用在乎人。"教师要选择适当的教学方法，并在教学实践中正确地运用；要在对会计专业人才核心能力的培养中，加强实践教学；既要充分坚持"教必有法"的原则性，又要具备"教无定法"的灵活性，力求做到二者的完美融合。

教师要想在教学过程中提高学生的学习积极性，就必须在特定的教学情境中加强实践教学，摒弃传统的"填鸭式"、灌输型教学模式，科学合理地运用现代教学手段，建立轻松、高效的课堂学习氛围。在现代化的会计课堂教学中，传统的灌输式课堂教学模式已经难以充分地吸引学生的注意力，更难以适应他们的学习需求，因此无法培养出具有核心竞争力的会计专业人才。对学生学习兴趣的培养和创造能力的提升，主要取决于教学手段和教学方式的改革。情境教学、仿真模拟教学、案例教学等模式的创新，不仅能改变原有单调的教学模式，还能够帮助学生更好地融合所掌握的专业理论知识和专业技术，提升其综合素质，激发他们的学习主动性和自主发现问题的动力。

新的课程体系应该融入更多的项目和案例等教学内容，弱化单一的纯理论教学，以便学生今后在实际工作中能够开展以项目、问题为导向的具体实践性操作，更好地实现理论教学和实践性教学的有机融合。在课堂教学中，教师可以在向学生传授相关理论知识的同时，纳入更多综合分析的案例，如在销售收入的确认环节中引入应收账款的管理问题、预计负债问题等，进而使不同课程的内容相互融合。目前，以互联网为基础的培训课程和教育模式在我国越来越多地出现，受到了广大师生的欢迎，如大规模在线开放课程（Massive Open Online Courses，以下简称 MOOC）、翻转课堂、微课等，这在一定程度上也能满足会计虚拟实践教学的需要。

会计教学应该努力探索、积极运用新的实践课程模式，提高授课质量和效率。创新实践教学方式可以从以下几个方面入手：

一是调整课堂教学形式，转变传统的专业课堂教学管理模式。例如，教师可以主动加入学生群体进行课堂互动和问题讨论，基于课程内容对学生进行随堂测试，或加入演说和作品展示等教学环节。

二是引入提问和讨论环节，帮助那些存有疑问的学生梳理思路，进一步研究问题背后的运作模式，向学生提供各种不同的方法，其中包括知识点理解、分析、综合问题和评价等，进而提高学生实践操作能力以及其他会计核心能力。

三是进行"问题—任务"导向设计，引导学生按照学习步骤解决问题，并在每个学习步骤之后，为每位学生提供一份涵盖各种备选方案的分析意见，以供学生参考。

四是从"小组学习"过渡到"团队合作"，让学生通过合作共同解决一个特定的会计操作性问题，或者以合作的方式共同参与一个特定的项目。

五是结合会计研究理论学习和企业会计管理实践，在掌握会计理论知识的同时，通过仿真现场模拟实训、角色扮演、游戏等方式加强会计实践教学。

四、打造"双师型"教师队伍

经济转型升级的新时代，传统的重视理论知识教育教学的会计专业教师已经不能培养出高质量、高素质、高水平的具备专业核心竞争力的会计专业人才。根据合作博弈论的基本观点，只有各级政府机构、高校、行业企业、职业资格认证中心、教师这五个不同的主体共同追求合作博弈，达到纳什均衡点，才能有效提高新时代高校会计专业教师的核心竞争力，才能提高会计专业人才核心能力培养质量。构建"五位一体，多元立交"的会计专业教师专业培养体系，针对提升"双师型"专业教师队伍的教学质量，提出以下几点建议：

一是政府机构完善制度保障。必须完善会计"双师型"教师队伍的专业培养和管理体系并制定相关制度性政策保障措施，推进以信息化和市场经济为政策导向的会计专业"双师型"教师准入和培训制度；通过完善"学历证书+若干职业技能等级证书"（以下简称"1+X"证书）的专业教师培训制度，重点开展对全部会计专业教师的专业理论知识与专业技能的系统培训；完善会计专业"双师型"教师的考核和评价机制；建立和落实社会保障和激励机制，提升"双师型"会计专业教师的社会声誉和地位。

二是高校建构科学合理的培养体系。通过校企合作的方式发展和推进"双师型"会计专业教师队伍建设，完善"专+兼"结合的会计专业教师的人才培养新机制；在加强教师与校企合作人员双向流动的同时，还需要进一步加大对会计硕士乃至博士等高层次"双师型"会计专业教师的培养，形成新时代本科、硕士、博士等多层次共同培养的新体系。

三是教师主体发挥主观能动性。发挥教师在推进会计专业"双师型"教师队伍建设中的积极性，在合理的人才培养目标结构下，通过公平的工资报酬和奖赏增加自我效能感；会计专业的教师要不断提高自身的综合素质，不断地吸收和整合国内外会计学科理论和实践操作中的新思想、新观点，才能真正成为我国会计专业对学生的会计核心能力培养过程中的引领者。

四是行业企业加大支持力度。高校帮助会计理论和实践教师到企业学习，通过挂职、顶岗、培训、调研等多种方式促使他们进行各种专业的实践性锻炼，或对教师实施"双聘"机制，多劳多得，鼓励教师进入公司挂职参与企业会计工作，提高会计专业教师的实务操作技术能力和水平。

五是职业资格认证中心提高对"双师型"教师的认可度。鼓励校内教师积极参加职业资格认证培训，定期聘请国内外知名专家学者和社会工作者向教师们讲授最前沿的国内国际会计的发展状况和企业实践操作变化，将教师职能培训、公司实践成果导向职称评定系统；鼓励企业中通过职业资格认证的中、高级会计师和注册会计师，加入高校会计专业人才培养队伍，提升会计专业实践技能培养的质量。

五、深化校企合作

"工学结合"模式、"2+1"模式、"订单式"合作模式，都是目前国内高校会计专业人才培养过程中普遍采用的校企合作方式。高校也应该借鉴"工学结合""2+1""订单式"等会计培养模式，加大自身和企业的合作力度，这对于提高我国高等教育水平和适应社会经济发展所需要的会计专业人才核心能力，有着重要且无法替代的作用。强化高校和企业的办学"双主体"作用，继续深化开放式的办学理念，真正实现"校中厂、厂中校"的现代高等教育会计培养模式，只有这样，会计专业人才培养的目标才能够与产业和社会经济发展的要求相适应。因此，企业直接参与人才培养，是校企合作办学的一个必然趋势，也是高校进行会计专业人才核心能力培养的有力保障。

深化产教结合、校企合作，是会计专业人才核心能力培养的有效路径。可以运用协同理论中的协同效应和自组织原理，深化校企合作。高校会计核心专业人才培养系统是一个多种要素相互作用的系统，各个独立的子系统相互独立，又相互合作；系统从无序变化为有序，在混乱中形成某种稳定的结构。高校的校企合作主要是由高校、行业企业、政府机构等相互作用促成的，有利于实现三大主体之间的协同发展，其过程的关键在于如何让这三个子系统实现全局性的整体发展。

我国高校会计专业的校企合作大多仅仅停留在口头上或者是文本协议上，双方缺乏合作的积极性，合作关系也相对薄弱，导致实质的合作机制没有形成。为打造"校企合作、协同育人"新平台，推进各地校企合作发展，各个主体应该采取以下措施：

一是地方政府对于校企合作项目要具有严格的约束和监督责任，要努力打造各地校企合作协同发展的支持平台；为各地校企合作项目的开展提供一些公共服务和人力资源保障，给予一定的特殊专项和税收制度上的优惠；为各地校企合作项目平台开辟绿色通道，简化审核流程；鼓励高校与企业共同推动会计专业人才核心能力的培养工作。

二是行业企业为校企协同发展构建实施平台，通过校企合作共建高质量、全方位的会计专业实习和理论研究实训基地；为加强对会计专业人才核心素质的培养，提供稳定的会计实习和理论研究实训平台；共同培养会计专业人才，共同打造专门的会计理论和实践实训基地，共同利用人才资源；把校企合作建设纳入企业文化建设，关心、支持教育事业。

三是高校要努力构建校企合作实施的平台，制订学生实习活动计划，实行"双导师制"，安排"双师型"教师分别担任理论和实践导师，提升学生的专业素质水平和核心技能；鼓励会计专业的学生"走出去"，学习企业会计管理工作流程，将自己的会计系统理论知识与企业的会计处理业务流程进行整合，培养自己的会计专业核心能力；通过帮助高校教师和学生承接公司的会计业务等多种方式来帮助公司盈利，只有企业自愿进行合作，才能真正达到合作共赢，推动形成以高校教育活动为主，以单位实践活动为辅助和补充的校企合作会计专业人才培养新模式；高校与会计师事务所、一线企业签订校外实习实训合作协议，吸收第三类会计学科专业的教师顶岗实训、学生实习等，构建会计学科师生互动的新平台；聘请既具有理论基础，又具备丰富的实践经验的注册会计师、高级会计师赴高校进行指导教学和演讲，或通过微课等方式进行授课，使企业资源反哺学校教育。

校企合作模式的成功建立，不仅为在校的会计专业学生提供了一个展示自我的空间和平台，帮助学生树立学习和工作的信心；还有助于学生在校学习期间体验和感受真实的企业工作氛围，帮助学生在未来得到更好的发展。因此，政府、行业企业和高校都必须进一步加强对校企合作模式的探索，在合作中充分发挥协同效应，寻求最佳利益的结合点，实现多方共赢和共同发展。

第三章 会计专业人才培养模式的构建

第一节 培养复合应用型会计专业人才

在信息技术广泛应用的背景下，核算型会计专业人才已不能满足企业的用人需求，非核算能力越来越受到企业的重视，企业需要高素质、管理型的会计专业人才。在信息化背景下，会计专业人才既要具备财会知识和经济、管理知识，又要具备信息收集和分析能力、沟通能力、合作能力、创新能力、获取新知识的能力以及对信息的反应和驾驭等综合能力，这样才可以灵活地使用计算机处理财会业务，并为管理层决策提供实时、有效的信息。

随着信息技术的快速发展，企业对会计专业人才能力的需求变为一个动态的过程。高校要结合这一背景，着眼于为会计专业学生提供终身发展的空间，使其能够为更好地适应职业要求做准备。会计学专业的培养目标应围绕打好基础、培养创新、提高能力这几个中心任务，积极创造硬件和软件条件，以培养能够满足社会需求的高素质应用型人才。因此，高校的会计教学目标应定位于培养具有扎实的现代会计理论知识、熟练掌握现代信息技术手段、具有终身学习能力和创新能力等综合能力的复合应用型会计专业人才。

培养复合应用型会计专业人才，要求在教学上理论与能力并重。在知识要素方面，要求会计专业的学生掌握管理学、战略管理等管理方面的知识，掌握经济学、统计学、金融学、经济法等学科基础知识，掌握基础会计学、管理会计、财务管理、审计学、内部控制与风险管理、财务分析、成本会计等专业知识，掌握计算机软件和硬件技术的基本知识，具有利用网络工具及其方法的理论基础。在能力要素方面，要求会计专业的学生掌握会计核算能力、合作能力、分析能力、职业判断能力、获取知识的能力、表达能力、创新能力和软件设计与维护能力。同时，高校应当在需求方和会计专业毕业生之间建立信息沟通渠道，并结合地区经济发展特色，将会计教学目标进行及时、合理的调整。

第二节 合理构建会计专业课程体系

信息化环境中的会计专业人才在具备核算能力的基础上，还应当具备信息获取能力、职业判断能力、决策分析能力、团队合作能力、获取新知识的能力和沟通交流能力等非核算能力。教师应帮助学生掌握扎实的专业知识和经济管理知识，促进信息技术与专业课程的融合，构建合理的会计专业课程体系，提高教学质量与效率；在课程内容上做到理论知识讲授与能力训练的整合，在专业教育中嵌入非核算能力教育。

一、增加信息化方面的课程

当前高校会计专业课程体系中，开设会计信息化课程较少，缺乏对学生信息化素养的培养。高校一般仅开设"大学计算机基础知识""高级 Excel""管理信息系统""会计电算化"等课程，主要讲授计算机记账、报账等会计业务处理过程，对系统的设计原理介绍得较少，且学生对其不重视，这就使会计专业毕业生的知识结构、职业能力和综合素质与实际需求不匹配。通过开设"会

计信息技术综合""通用会计软件的操作与使用""XBRL 理论与应用""VBSE
会计模拟实训系统""Access 数据库""数据库应用系统开发""电子数据处理
和开发""Excel 在会计中的应用"等课程，促使学生掌握计算机硬件、软件，
以及计算机系统分析、设计方面的基础知识，同时能够运用办公软件和信息化
工具完成财务处理、分析以及系统的维护处理工作。培养会计专业学生借助信
息技术完成会计工作的意识和能力，锻炼学生数据获取、整理和分析的能力，
有利于他们在工作之后为企业管理者提供有效的决策信息服务。

二、重视学科基础课程

基础会计等学科以培养学生的核算能力为目标，这也是会计教育必须实现
的基本目标。同时，在信息化环境下，企业更加注重信息的价值和对风险的防
范，内部控制、内部审计、风险与战略管理部门越来越受重视。调查结果显示，
管理信息系统、风险与战略管理、内部控制是会计从业人员认为非常重要的知
识，因此应当重视对会计专业学生进行上述学科基础知识的教授。同时，金融
学、电子商务、市场营销等交叉学科可以作为学科选修课程，帮助学生掌握更
多的知识背景，有助于培养学生高效、合理的职业判断能力。

三、将企业经营管理环境嵌入实践课程

作为会计专业人才非核算能力培养重要途径的实践教学，急需改变开设门
数少、课时少、模式单一的现状。除了基础会计软件实训，高校还应当增加财
务信息化模拟实践、综合模拟实验、计算机审计、企业经营沙盘模拟等实践课
程。将企业经营管理环境嵌入实践课程，可以激发低年级学生学习专业课的兴
趣，提高高年级学生理论联系实际的能力，还可以让学生体验团队协作氛围，
培养其综合能力和全局观念。例如，ERP 沙盘模拟企业经营系统为会计实验教

学搭建了仿真的企业所处的内外部环境，使复杂抽象的财务及经营管理理论以最直观的方式展现，让学生体验、学习，帮助学生在市场分析、战略制度、财务管理、现金流管理等一系列活动中，将各类资源、计划、管理信息及时、有效地以会计信息形式进行表达。

四、课程体系设置方案

课程体系设置应遵循学科基础课程、专业课程、实践课程和专业选修课程的模式。具体课程体系设置方案如图 6-1 所示：

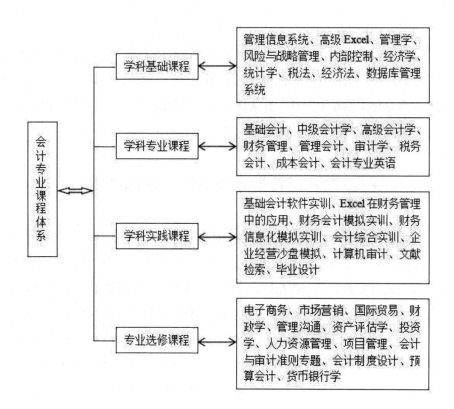

图 3-1 高校会计专业课程体系

需要注意的是，将信息化渗透到学科基础课程、专业课程、实践课程和专业选修课程的教学中，使理论课程与实践课程相互配合，可以形成融信息化、专业化、实践性于一体的课程体系。会计专业课程体系一般采用学分制，学分在各知识体系中的分配不同，高校可自行设定，但应当注意比例协调；同时，应当尽量精简公共基础课程，使学生将精力和时间用在职业能力的培养上。

第三节 改进会计专业教学方法和手段

信息技术的发展为会计教育提供了更多便利的教学工具。高校会计教育应当充分发挥现代信息技术的优势，广泛吸收技术领域的最新研究成果，以信息化嵌入理论与实践教学为理念开展启发式、案例式、讨论式、导向式教学，培养符合会计职业能力需求的高素质人才。

一、在课堂讲授教学方法中嵌入信息技术

课堂讲授是会计教育的重要方法，传统课堂对理论的讲授缺乏生动性，对于学生会计专业知识理解与应用能力的培养效果不理想。针对这一情况，高校会计理论教育要充分利用物联网、云计算、大数据、财务共享服务平台等先进信息技术，使会计专业学生理解如何利用计算机等信息技术将所学知识应用于实践工作中，这不仅可以激发学生学习的主动性，还可以真正做到知识与能力的共同培养。例如，在讲授财务分析方法理论时，可以以某上市公司最新的财务报告为实例，利用 Excel 软件建立财务模型，使用 XBRL 财务报告工具对上市公司进行财务报告分析；由于成本会计理论内容及核算程序复杂，实际工作

中涉及多个部门，传统教学方法会使学生感觉成本核算内容步骤烦琐、枯燥乏味、晦涩难懂，而视频和多媒体演示则有助于学生理解成本核算流程。

二、在实践教学方法中嵌入信息技术

目前高校实践教学以会计软件实训为主，目的主要在于让学生掌握专业操作技能，但实训形式单一、脱离职业环境，对学生的沟通能力、团队意识、分析能力、职业道德等方面的培训不足。因此，高校应当引入单科和综合会计实训软件，在虚拟商业社会环境下系统地训练学生，通过实践让学生了解自己对所学知识的理解和掌握情况，培养操作技能的同时注重对学生综合素质能力的锻炼。例如，在 VBSE 虚拟商业环境模拟实训系统中，学生可以自主选择不同行业的不同部门并完成该岗位的主要工作任务，学会基于岗位的业务处理、决策和协同方法，了解资金流和信息流在企业中的运转。在不同岗位"工作"，不仅可以培养学生的执行能力、决策能力和创新能力，还可以培养其全局意识和综合职业素养。

实践教学方法的实施，对会计专业学生能力的培养具有重要作用，使学生获得实习前有感性认识、实习后有理性认识的学习效果。高校应当将社会实践教学方法纳入教学计划中，实施导师负责制；会计专业学生在大一入学后即分配导师，由导师负责学生的社会实习和毕业论文指导。

三、加强创新性教学方法的应用

案例教学、小组讨论、指导性教学、角色模拟等被称为创新性教学方法，是培养学生非核算能力的重要途径。信息技术的发展为创新性教学方法的实施提供了更多便利条件，因此，应当在教学中充分发挥信息技术的优势。

以案例教学方法为例，案例教学是培养会计专业学生综合素质的主要方法，但一直是高校会计教育中的薄弱环节。之前使用的多为陈旧、知识点单一、答案固定的案例，不能满足实用性、综合性要求。因此，在进行案例设计时应体现信息化要求，锻炼学生的数据收集能力、分析能力、表达能力、合作能力，鼓励学生充分发挥主观能动性。例如，教师以当前财经热点为题且允许学生自由选择与课程内容有关的案例，让学生在课下利用网络搜集与案例有关的信息，然后在课堂上表达自己对案例及知识点的理解和观点，教师再根据学生的分析内容提出问题，并给予点评和知识延展。

四、多种教学方法结合应用

一种教学方法的使用可能无法满足实现教学目标的需要，因此需要结合课程性质综合采用案例分析、问题分析与讨论、小组活动等多种教学方法，将实训、实习等实践教学嵌入专业知识的教学中，有意识地训练、培养学生的自我评价意识、综合素质和会计专业知识的理解与应用能力。另外，邀请工业企业、金融企业、事务所管理人员和财务人员等进行专题讲座，不仅能够让学生及时了解行业动态、专业人才能力结构，也有利于加强校企合作。

第四节 改革传统的会计专业考核方式

构建科学、合理的会计专业考核体系是保障教学质量的必要措施。当前高校会计专业考核体系与模式陈旧单一、缺乏信息化因素，而且过度强调书面理论知识的考核，没有将重点放在学生综合能力及理论联系实际的能力上。因此，高校应当构建新的会计专业考核体系，以综合能力作为会计专业学生成绩的考核对象，充分反映新时期人才培养目标的要求。

一、改革会计考试内容

在信息化环境下，高校会计教育应当以培养学生的知识能力、核算能力和非核算能力为目标，考试内容应当体现对上述内容的综合考查。针对理论基础要扎实掌握的学科，如"基础会计"课程，应当以客观题为主进行考核，考查学生对理论内涵的掌握和理论联系实际的能力；针对分析类、综合类课程，如"财务报告分析""风险与战略管理"等课程，应当以主观题为主进行考核，考试内容应源于教材而又不拘泥于教材，结合最新行业案例进行设计，以考查学生的分析能力、判断能力等非核算能力。

二、利用信息技术改革会计专业考核方式

当前高校会计专业考核方式，除了实践类课程，其余基本都是纸质试卷类的考试，很少采用答辩、小论文、总结报告等考核方式。新环境下，高校应当改变传统考核方式，根据课程性质采用合适的考核形式，对学生进行知识和能力考核。例如，可以采用笔试、答辩、提交报告、案例讨论等多种组合方式，增加作业、课堂表现的考核分数，充分发挥考试的激励和导向功能。

高校应结合信息技术对考核方式进行改革，引进在线考评系统。当前的会计初级和中级职称考试、注册会计师考试，都采用网络在线答题的形式。会计教育应当紧跟时代形势，增加在线考评系统，这样既节约资源，又提高效率，并能有效防止学生抄袭等现象发生。

三、严格执行课程考核标准

当前会计专业教师对课程考核标准执行不严格，导致在学生中形成学不学都能通过考试、突击背诵也能拿高分的学习氛围，给学生制造了蒙混过关的机会。这样的考试方式是导致教学不理想的重要因素。因此，会计专业教师应当制定严格的考核标准并严格执行、贯彻落实，以营造良好的学习风气，激发学生学习的主动性，提高学生的知识素养和职业能力素养，改变学生"高分低能"的现象，为学生的职业发展打下坚实的基础。

第四章 会计专业人才培养与"1+X"证书制度结合

第一节 "1+X"证书制度的功能

"1+X"证书属于职业技能证书。高校学生参加国家认证的考试，获得由国家发放的证明，取得有足够专业能力的资格证书，对之后的就业和职业发展有积极作用。职业技能证书可以证明持证人的专业水平和职业资格等级，而学生可以通过长时间的学习和努力获得国家认证的职业技能证书，以此获得更好的职业发展。

"1+X"证书制度可以让学生在保证接受高校教育的基础上，学习更多的职业技能，鼓励学生自主学习本专业的职业技能，增强职业能力，提高个人的就业竞争力，从而提高会计专业人才质量，培养出符合企业和社会需求的人才。

一、推进校企沟通

"1+X"证书制度可以推进校企沟通。职业技能证书的标准是按照企业的要求制定的，与当前行业的发展情况和社会需求紧密联系，可以帮助企业选拔出符合要求的高质量会计专业人才，降低企业人才选拔的成本。对高校来说，按照职业技能证书所要求的专业水平能力完善课程改革和教学改革，可以更新人才培养模式，培养出更加符合企业与市场的会计专业的人才。

二、增强学生学习能力

一方面，高校学生想要获得单位和社会的认可，需要具备一定的学历。伴随"1+X"证书制度的引进，学生可以参加职业技能考试，获取职业技能证书，增强自身能力。另一方面，将高校会计专业人才培养方案与"1+X"证书制度结合起来，可以更好地培养复合型会计专业人才，引导校企深入合作。目前，校企合作仍然处于初步发展阶段，总体合作程度较低，企业参与热情和意愿不高。"1+X"证书制度可以有效体现企业对人才的需求，帮助企业吸引更多的高素质会计专业的人才，符合企业的利益需求，可以提高企业参与校企合作的积极性。

第二节 会计专业人才培养
与"1+X"证书制度结合的优势

一、为学生奠定坚实的理论知识基础

目前，很多高校缺乏理性思考，不考虑本校具体情况就实行"1+X"证书制度，加上没有考虑专业的具体情况，没有制定与之匹配的人才培养方案，导致人才培养效果不佳。对此，高校应该提前了解企业的实际情况，掌握企业的会计管理模式，了解智能化记账流程和应用程度，确定与企业的合作深度，在此基础上再选择相应的"1+X"证书制度，完成与企业的合作与交流。同时，与会计专业人才培养计划有效融合，依据企业实际条件和发展需要设计人才培养方案，帮助会计专业的学生建立更加坚实的理论基础，也为今后的实践奠定基础。

二、加强高校内部会计专业的相关建设

在校企合作的过程中，高校应将会计专业人才培养方案与"1+X"证书制度紧密结合起来，重新设计相关课程结构，编写满足现代职业需求的专业教材，根据就业单位的需求培养学生的专业技能，利用互联网媒体等技术创新教学模式，努力做好专业课建设。对于高校学生而言，获取职业技能证书是证明他们专业能力的有效方法，能够以最直观的方式展示他们在会计领域的能力和水平，在就业过程中具有极强的说服力，相应地，也可以使他们获得更高的报酬。

三、提高高校学生的职业竞争力

想要促进会计专业人才培养与"1+X"证书制度有效结合，一方面，高校应该加强与企业联系的密切程度，积极了解企业需要的人才类型，同时积极进行教学改革，帮助学生了解最新的会计标准与会计准则，切忌闭门造车，向学生教授已经不再适用的会计知识；另一方面，企业也应该与高校一起培养会计专业人才，让学生真正提高专业技能知识。

第三节 会计专业人才培养

与"1+X"证书制度结合的方法与建议

一、分析高校会计专业人才培养与"1+X"证书制度的标准差异

目前，很多机构都推出了"X"证书，比如中联信财税学院的智能财税证书、航天信息股份有限公司的金税财务应用、正保网中网的财务共享等，应该将这些"X"证书的会计标准与国家发布的高校专业会计标准进行对比、分析，找出其中差异。就中联信财税学院而言，初级考核主要有三个部分，分别是初级外包、初级代理和初级企业管家；要求学生掌握的专业技能标准包括开具发票，各项税种、各类票据的采集处理与业务分析，智能工资系统、企业信息变更系统、企业资金收支管理系统、人力资源管理方法的应用等。高校会计专业对学生设立的标准包括涉税能力、会计核算能力、管理会计能力等。通过对比可以发现，两者都涉及涉税能力和会计核算能力。就涉税能力而言，两者在涉税时都采取网上电子申报模式，这样一来，两者的结合就比较容易；就会计核算能力而言，虽然两者的处理原理是一样的，但是在处理方式上却有很大的区别，中联信财税学院主要通过智能化手段来制作表单，这也是未来的社会需求，因此，高校需要积极培养能够熟练运用智能化系统的人才。

二、促进高校会计专业人才培养与"1+X"证书技能培训的有效结合

在了解高校会计专业人才培养方案与"1+X"证书制度的相同点和不同点之后，高校应该结合本校的教学方案，将"1+X"证书制度纳入教学内容，制订出更加符合就业市场的人才培养计划。例如，中联信财税学院进行税务处理时只需要合理运用平台，进行实训课程。但是在进行会计核算时，需要书证结合，在学生学习的"财务会计"课程中融入"1+X"证书制度中的内容，提高学生处理业务的能力水平；也可以增加实训课程，让学生加强实践练习。这样可以培养出符合时代需要的新型会计专业人才。

三、在高校会计专业人才培养方案中融入"1+X"证书制度的内容

通过分析高校会计专业人才培养方案与"1+X"证书制度标准和内容的差异，可以完善课本内容和实训课程，在完善课程内容时，要考虑"1+X"证书制度的标准和要求。以中联信财税学院的智能财税证书为例，在分析中可以发现其报税过程并不复杂，不需要严格的供应链，只需扫描和采集必需的凭证，就能分析出各项内容，完成智能报税，节省时间和精力。但是，在处理过程中，如果涉及较为复杂的内容，智能识别就无法完成，这时只能手动完成。除此之外，在智能扫描过程中，不能保证每张收据都被自动分类到合适位置，如银行类单据与销售单据有时就难以识别。因此，高校在设计课程时可以将"1+X"证书制度下的纳税平台操作业务流程融入课程当中，让学生学习纳税实务实训课程；同时添加新的课程，如"会计电算化"等，提高学生职业技能的专业性。

第五章 新时代背景下的会计专业人才培养

第一节 会计专业人才培养现状

在新的时代背景下，为了满足不同区域和不同行业的发展需要，应加大对会计专业人才队伍的培养建设力度，以适应国家当前新的经济态势。在信息化时代背景下，各行各业都与信息技术密切相关，教育领域同样如此。高校对会计专业人才的培养离不开信息技术，甚至在当前的信息技术环境下，高校对会计专业人才的培养演变出了新的特点，如在线报账、在线预约和在线查询等，实现了会计工作的创新。这一现象也对从业人员的专业性提出了更高的要求。高校是人才培养的基地，是会计专业人才队伍建设的基础平台。因此，在高校会计专业人才培养工作中，要加强对大学生的财务预测和分析能力的培养，力求为培养高素质会计专业人才打下坚实的基础。

"互联网+"时代需要新型会计专业人才，在互联网的影响下，会计行业正在逐渐向无纸化和便捷化方向发展，工作中心转向网络，经济事项和会计核算之间的时间滞留缩短，会计服务体系突破以往的区域限制，由静态数据转变为动态数据。也正因为如此，各个行业才更需要能够熟练运用各种工具来进行会计事务处理的专业人才队伍。另外，人工智能技术的发展向人们展示了高效的计算能力和分析能力，大大提高了会计工作的效率。因此，现在的会计专业人才还需要掌握一定的计算机技术。尽可能多地了解和掌握其他领域的知识，成为现代会计专业人才队伍中的复合型人才，只有这样，会计专业人才才能满足当下社会环境对其的需要，而不至于被行业淘汰。

第二节 会计专业人才培养的问题和缺陷

一、会计专业人才培养的问题

（一）课程设置和教学方法不能适应实际培养需求

随着信息技术和市场经济的快速发展，会计工作的方式和载体发生了根本性的改变。财务会计工作的基本职能已经变为通过数据分析来为企业提供价值管理、资本运营、风险控制和决策支持，即由传统的核算和监督工作转变为预测和决策工作。这也对从业人员的专业能力和知识结构提出了新的要求。由于工作职能的改变，会计专业人才需要具有强大的财务管理能力、风险管理和战略制定能力、内部控制能力和审计能力等。会计专业学生在学习专业知识的同时，还要学习管理学、经济学和计算机等课程。因此，高校在进行会计专业人才培养时所设置的课程合理与否就显得至关重要。目前，大多数高校会计专业的课程设置并不能够满足各个行业对会计专业人才的需要，会计专业也就无法培养出满足现代社会需求的综合型会计专业人才。这是因为高校的课程设置缺乏创新性，实训课程相对较少，不能直接满足用人单位的需要。因此，在设置专业课程时应尽可能地结合社会需求和学生的个人需要，不断改进教学理论，提高教学质量，进而为社会培养出更多的会计专业的人才。

（二）实践和综合能力的评价体系有待加强

全面、综合地评价学生的学习成绩，可以反映教学的质量。但现行的会计专业课程教育评价体系只主观地评价学生的理论考核成绩，对学生的实践活动的重视程度普遍不高。考核形式与以往一样，都是闭卷的理论考试，多为记忆性考试，缺乏足够的创新能力，并不能反映学生的综合素质。整体来看，这一考核评价机制不够科学合理。很多的实践调查都发现，多数学生对当前的考核评价机制并不满意，因为试卷内容偏向于理论化，学生只需要在考前一个月死记硬背，就可以取得相对良好的理论考试成绩，这对于渴望创新、动手能力强于理论能力的学生多少有些不公平。这也是当前教学方法不能很好地满足人才培养需要的原因之一。在现行的考核评价机制下，学生的实践能力并未得到较好的培养，而理论知识的学习又不足以帮助学生解决职场中所面对的实际问题，学生自然难以成为应用型会计专业人才。

（三）师资队伍建设需要进一步强化

师资是高校会计专业人才培养环节中的重中之重，是决定教学质量的根本所在。作为会计专业技术人才培养的重要主体，会计专业教师的素质水平直接决定会计专业人才培养的质量。专业素质能力高、社会资源丰富的高校教师可以培养出理论与实际相结合、能够创造性地运用知识来解决社会中的各项问题的创新型会计专业人才。目前，高校会计专业中普遍存在师资队伍建设有待完善的情况，高校的师资力量难以满足会计专业人才的培养需要。部分高校有相当一部分教师仅有理论知识而缺乏实践经验，或者实践能力很强但却缺乏丰富的教学经验，很难满足学生对教师的要求。因此，高校在进行会计专业人才培养的同时，也应该注重教师队伍的建设，鼓励教师在不影响教学工作的前提下努力提升自己，做到理论与实践相结合，不断提高自身的教学能力。

二、会计专业人才培养的缺陷

长期以来，高校会计专业的教学主要是传授会计知识，以便学生在未来职场中能更好地运用这些知识来解决现实工作中的会计应用问题。高校会计专业的教育是应该注重学生的知识获取、专业技能的培养，还是应该更关注如何教会学生学习的能力、培养学生应有的素质呢？西方发达国家的会计教育对我国的会计教育有一定的启示作用。美国会计教育改革委员会提出，会计专业的教育应该为学生成为职业会计师做好准备，而不是在进入职业界的时候成为职业会计师。会计专业的本科教育主要是教会学生如何学习，为他们打好终身学习的基础，而不是把教学重点放在职业资格考试上。英国高校会计学专业的人才培养也主要是关注学生的素质和能力的培养，而我国高校会计专业的人才培养更多关注的是知识的传授。近年来，虽然高校会计专业教育不断改革，一些高校也提出了对学生的素质和能力的培养目标，但实施效果并不理想，主要表现在以下几个方面：

（一）人才培养方案的适应性差、针对性不强

人才培养方案是高校培养人才的纲领性、指导性文件，对高校培养专业人才的质量产生根本性的影响。然而，就目前高校会计学专业人才培养方案来看，多数还是目标不明晰、定位不准确，没有从社会需要、地方特点、行业需求及会计专业人才发展趋势等方面来考虑人才培养；会计专业的人才培养目标基本雷同，根本体现不出不同类型高校的办学特色，导致培养目标大而空，无法起到指导作用。

（二）会计专业人才培养脱离市场需求

如果把高校会计教育当成一种产业，那么学生就是"产品"，产品的质量最终需要市场来检验，学生的社会适应性和用人单位的满意度是衡量人才培养质量的重要标准。目前的情况是，社会需要大量的会计学专业的人才，但又有

许多会计学专业的毕业生找不到工作，即使毕业生找到了工作，面对企业经济活动中出现的新问题也常常感到束手无策。从中可以看出，学生的适应能力普遍不强，这也直接暴露了高校会计专业人才培养还存在脱离市场需求的现象。

（三）会计专业教育还存在重理论、轻实践的现象

会计学是一门实践性很强的学科，实践教学是一个必不可少的环节。实践教学内容比例的确定，不仅应该考虑社会对人才的实际需求情况，还要符合人才培养目标和培养规格的要求。但是，目前在很多高校会计专业人才培养方面还存在着重理论、轻实践或对实践教学关注不够的现象。从实践环节来看，目前多数高校的课程内容主要包括课程试验、综合实验、专业实习、毕业论文等，各高校安排的内容基本类似，主要目的是培养学生的动手能力，但缺乏培养学生创新精神的实践环节。实际上，很多高校会计学专业学生实际参加实践活动的时间很少，因此在有限的实习中，要达到对学生的独立思考能力、实际动手能力、创新能力的培养是很难的。

（四）会计专业的课程体系设置不够合理

目前，各本科院校在选修课的开设上比较随意，特别是部分高校专业课程设置的层次性和结构性不合理，专业课之间的跨度太大，缺乏系统性。对于会计专业人才来讲，既需要具有扎实的会计专业的基础知识，又需要具有广博的其他专业或学科的知识，以此来适应不断变化的社会环境的要求。长期以来，国内的本科教育在会计专业人才知识结构的设计上侧重于会计专业知识的介绍，培养的人才过于专门化，缺乏从事现代会计工作所必备的其他专业的基础知识和理论知识，如管理、金融、证券与投资等方面的知识和综合技能。这种现状不利于培养学生的综合素质，培养出来的人才知识结构单一，与厚基础、宽口径、高素质、强能力的要求不符。

第三节 会计专业人才培养的策略和建议

一、会计专业人才培养的策略

（一）明确建设目标，健全理论教学体系

高校会计专业人才培养要符合国家发展战略和地方需求，也就是说，高校需要根据国家发展战略的重点来培养会计专业人才，这也是未来人力资源市场的热点和重点。因此，在会计专业人才培养中，高校应该努力培养会计专业的应用型人才，同时结合当地经济产业结构和人才需要，在坚持大的培养方向不变的情况下，不断调整培养目标，有针对性地进行人才培养。高校应该围绕"产教结合，校企合作"的教育主线来制定具体的会计专业人才教育方案，以培养应用型人才为办学导向，坚持以市场为导向的专业结构和课程体系，将会计专业人才培养与地方经济发展挂钩，提高高校会计专业人才队伍建设的未来价值。基于此，高校可以积极寻求健全理论教学体系的实施方法。例如，一方面，在会计专业的课程设置上，要结合社会发展趋势和未来的专业人才需求取向制订切实可行的人才培养计划，并在此基础上完善相关的课程体系；另一方面，在课程选择上，高校可以拓展学生可选的基础课和选修课的选择范围，给予学生完善知识体系的空间和动力。此外，在理论知识教育方面，应尽可能地结合具体的实际案例，有针对性地选择实用性较强的教学案例，因为教材的编撰需要一定的时间，与当前的时代存在一定脱节，这也是理论教育体系中需要改革的地方。所以，在理论教学中，最好结合时代发展来选择最新的教学案例，从而增强高校会计专业人才培养的实用性和先进性。

（二）健全高校会计专业教学管理和评价机制

首先，科学管理是实现高校会计专业人才培养更加信息化、专业化的保障。为确保科学管理的顺利进行，必须有一套切实可行的管理制度。因此，需要健全高校会计专业人才培养制度来调动会计专业教师的积极性，从而加快高校会计专业人才的建设。当前高校会计专业教学的部分教师在教学和工作上缺少相应的经验和能力，依旧需要提高教师的专业素质。另外，需要重视对高校会计专业教师队伍的建设和完善。教师素质的提高对会计专业人才的培养有重要的影响。例如，在教师的聘用上，可以选择聘用当地知名企业的财务人员或者经济学家来担任会计专业的教师，为更好地培养会计专业人才打下坚实的基础。

其次，教师在教学过程中要完善考核评估机制，对学生的专业课成绩、实践成绩、科研成果和比赛情况等内容做出综合评估，取消传统单一的考核机制，尽可能地发挥学生的主动创造能力，给予学生足够的发展空间，从而激发学生的发展潜力。教师应该通过合理的调查和研究，分析每一项评价内容所用证据的合理比值，对学习的结果和过程进行双重评价，以尽可能地完善考核评价机制。同时，这一方式也能够进一步提高学生的综合素质。另外，教学评价工作还可以加入对学生个人生活习惯的评价，帮助学生培养良好的行为方式和健康的生活习惯，尽可能地从德、智、体、美等方面培养综合型会计专业人才。

（三）应用多元化的人才培养方式

应用多元化的人才培养方式，可以从提高实践教学效率和教学质量、多途径开展校企联合培养、积极完善互联网教育条件和以学科竞赛引领学生的个性培养四个方面来进行。

1.提高实践教学效率和教学质量

高校会计专业应该尽可能多地建设实训基地，丰富学生的会计工作实践经验，提高学生的实践能力，增强学生的综合竞争力；同时还可以借助实训基地的实验室和沙盘模拟系统，帮助学生尽早熟悉企业会计工作的流程，提高会计实践教学效率和教学质量。

2.多途径开展校企联合培养

高校会计专业要积极与校外的企业签署实习协议，开展多途径联合培养。高校可以邀请社会经验丰富的专业人士来校举办讲座，通过实践经历与理论结合的方式给学生带来更高质量的会计教育；还可以开设专门的与会计研究和公司有关问题的咨询课程，聘请在企业任职的会计师或财务总监来担任讲师，鼓励学生就公司预算管理、公司财务管理和企业内控流程等内容与授课老师进行学习和交流。

3.积极完善互联网教育条件

开展会计教学时，高校教师可借助模拟软件进行仿真教学，教学场所不仅仅是在校内或者课堂上，还可以在企业内部；同时还可以借助虚拟现实技术为学生提供企业内部最真实的情景素材，提高学生的学习兴趣和学习效率，更好地实现理论教学与实践教学的结合。互联网技术的发展使得许多会计教育资源可以共享，教师可以借助网络上人们所关注的热点进行启发性的教学，以分析实际案例的方式来培养学生对会计知识的深度思考能力，帮助学生形成批判性思维。教师也可以积极学习互联网教学技术，使用线上通信软件和众多其他高校的优质会计教育资源，完善学生的知识网络，开阔学生的视野。

4.以学科竞赛引领学生的个性培养

会计专业可以定期开展学科竞赛，借助学科竞赛引领学生的个性化培养，激发学生的学习爱好和学习兴趣。高校也可以通过举办各种实践活动和竞赛来达到培养学生实践能力的目的，从而提高高校会计专业人才的培养质量。

二、会计专业人才培养的建议

（一）强化诚信教育，培养合格人才

立德树人是教育的首要任务，高校作为培养社会专业人才的重要阵地，理应把德育教育作为重中之重。高校会计专业的人才培养目标是为国民经济发展培养合格的会计专业人才，使培养出的学生能服务经济社会，为经济的腾飞提供有力的财务保障。若高校培养出来的学生缺乏诚信，那么将来就会给公司造成经济损失，给国家、社会带来危害。所以，高校会计专业的教育更要切实做到立德树人，加大对学生诚实守信方面的培养力度，帮助学生真正做到诚信为本、操守为重、坚持准则、不做假账。

（二）提升教育质量，培养尖端人才

高校会计专业的教育多以规模化为主，没有走出一条具有丰富内涵的发展之路，缺乏必要的评估和国际认证，缺乏学识精通的人才培养体系。要想改变这种状况，就要提高会计专业的教学质量，实施精英教育。"致天下之治者在人才，成天下之才者在教化。"高校肩负新时代培养人才的使命，应严格贯彻落实国家对会计专业人才的培养要求，扎实做好每一个环节的培养工作，培养具有国际水准的尖端人才。

（三）加强校企合作，培养实用型人才

会计教育不能孤立前进，必须整合研究与实践。加强会计专业技能培养是会计教育的核心，会计专业人才培养中的专业技能一直是会计教育改革的目标，创新培养方案、培养技能型师资队伍、创新教学方法和强化实践教学等是提升会计专业学生专业技能的重要途径。

不同高校根据自身特色，形成了高级管理型、研究型、国际化、应用型等人才培养方案。高校按照会计行业职业资格标准进行专业建设，可以加速高精

尖人才培养的进程，使理论能够落到实处；根据市场和企业的需求改变和调整目前的课程体系和人才培养方案，能够实现人才培养的多层次化；突破新时代校企合作的"最后一公里"，厚植产学研协同化会计专业人才培养基础，可以更好地服务当前经济的快速发展。

（四）开拓国际视野，培养国际型人才

会计教育国际化应与中国会计教育的本土实践相结合。中国会计准则与国际会计准则的持续趋同，对中国会计专业人才的培养提出了更高的要求。会计教育的国际化更多地体现在语言能力、专业水平和专业素养等方面，而中国高校学生自身的知识结构和能力水平还不足以应对会计的国际化发展需求。在会计国际化进程中，处理好会计国际化与建设中国特色会计理论体系之间的关系，关键在于处理好借鉴国际与立足国情之间的关系。

大数据财务共享更需要建立新的人才培养方式和多样化的创新思维模式。特别是在国内外经济环境的快速变化下，高校会计专业的教学要敢于尝试和改革创新，特别是大胆使用国外的优秀教材，鼓励教师用双语教学。只有这样，学生才能学到更有前瞻性的国际会计知识，接触更多的国际案例，从而在今后的工作中应对自如，为企业能在国际贸易中实现公平交易发挥重要作用。

（五）改进教育方式，培养创新型人才

创新会计教育理念，是新时代教育发展的必然要求，也是适应新时代经济社会发展的必然趋势。会计教育应以注重实践能力的培养为导向，改变传统教学中以知识传授为主的理念，注重过程管理和实践应用，激励学生自主学习，强化对学生的创新能力、应用能力等方面的引导和培养；丰富会计学习资源，坚持以实践能力提升为牵引，激发学生对会计理论知识和会计实践应用的兴趣；完善会计应用支撑和会计实践服务平台，综合运用移动、线上学习等学习方式和学习手段，探索会计理论学习和实践应用的科学化、高效化学习方式，促进多层次会计专业人才的培养模式；坚持会计教学的改革创新，突破传统以

讲授知识为主的教学模式，充分运用线上、线下的授课方式和自主灵活、开放共享、多维评价的新模式，突出制度机制创新和培养手段创新，力求在任务驱动、内在激励、学习资源等方面精准推送，充分彰显新时代高校会计专业人才培养工作的新目标和新要求。

（六）创新教学模式，培养学术人才

改革创新是新时代中国高校会计教育的迫切要求，当前，高校教师需要从教材、教学、科研等方面积极跟进、主动参与。教学与科研协调发展是提高会计专业教师执教能力的重要保证，人才培养和学术研究是高校的重要职能，只有处理好二者之间的关系，才能保证人才培养的质量和高校科研水平的快速提高。当前，会计专业的学术成果相对难出，这也与高校教师教学任务繁重、科研精力受限、科研水平不高有关，所以高校一定要处理好教学与科研的关系，提高科研水平，更好地为教学服务、为经济发展服务。

会计专业的师生申报科研课题比较困难，高水平论文发表难度大，适时建立学生担任"科研助手"的制度，学生与老师共同搞科研，可以激发学生对会计专业的科研兴趣，提升学生的科研能力和科研水平。

（七）完善网络教育，培养专业人才

当前，经济活动日益多元化和复杂化，特别是互联网、大数据、云计算、人工智能和 5G 技术所带来的变化，为会计教育带来了新的机遇和挑战。健全和完善"互联网+教育教学"的服务和支撑体系，可以更加精准地对接和满足学生多层次、多样化、个性化的学习需求。

利用互联网技术，构建远程教育资源和网上学习资源一体化服务模式，可以提高资源利用效率，提高网上资源的流动性，突出网络服务的整合优势。以网站、手机、微信公众号等多种方式为载体，向学生提供优质的学习资源，可以使学生更好地适应会计向管理决策、创造价值转型这一新变化。高校应树立流程观念，强化集成化理念，重视信息技术与会计教学相融合、学习与实践相

结合，以及线上与线下各种模式相结合，培养出更多高精专的会计专业人才。

（八）强化全局教育，突出教师队伍建设

高校要想培养出高质量的学生，还要有知识渊博、学高识广的教师队伍作为支撑。高校应制定教师培养机制和激励方案，鼓励教师强化自我进修学习和业务学习。对于会计专业的教师来说，一定要强化教师的实践能力，培养"双师型"教师人才，鼓励教师到企业挂职。只有深入企业一线，才能真正了解企业需要什么样的会计专业人才，了解会计账务存在的问题，并进行相关的探索研究，从而培养出满足企业和社会需要的优秀会计专业人才。

会计教育一定要关注教师队伍的构建和培养，要始终把师资建设放在关键位置。会计教育理念的形成、培养目标的确立、课程体系的构建、实践教学条件的建设、管理机制的运行都离不开教师的积极组织和参与。会计专业的教师应具有管理视野，保持教师的持续向心力，"以我（会计）为主，与管理融合"。

（九）跨界融合教育，培养全面发展的人才

会计是在核算与监督资金运动的基础上，向利益相关方提供真实完整的会计信息、参与经营管理、提高经济效益的一种管理活动。会计专业在人才培养方面一定要注重学生的学习能力、操作能力、决策能力、竞争能力、公信力五个方面能力的培养。随着经济的高速发展，高素质的复合型会计专业人才越来越受到企业青睐。会计从业人员若在精通业务知识的基础上了解服务对象所属行业的特点、运作流程和潜在风险等，就能提高自身优势。因此，对会计专业人才的跨专业能力的培养非常重要。

会计的跨界融合教育要求教师不能单独站在会计学学科领域内进行课程讲授，而是应在交叉学科融合的基础上，对学生进行跨专业（金融、财政、法律、管理学、计算机网络等）的知识传授和应用指导。这样既能提高学生跨专业能力的培养质量，也可以在人才培养和研究生培养之间架设联动机制，使会计专业人才紧跟时代发展的步伐，适应社会需要。

第四节 会计专业人才培养模式的创新思考

一、以素质教育为根本，创新会计专业人才培养模式

互联网时代，社会对会计专业人才的要求不应仅停留在知识和技能层面，还应注重人才的综合素质和能力。由此，培养一大批具有创新意识和创新能力的会计专业人才，成了高校会计教育最根本、最迫切的任务。

素质教育要以培养创新精神和实践能力为重点，注重培养大学生的创新精神、实践能力和创业精神，提高大学生的人文素养和科学素养，使大学生具备熟练的职业技能和适应变化的能力，这是会计专业人才培养的方向。

会计教育，不仅要让学生掌握本专业的基本知识和技能，培养他们学会学习、获取知识的能力，更重要的是必须教导他们学会做人、学会合作。要把学生培养成为有社会责任感和事业心的人，就要培养他们成为具有科学文化知识和创新能力、能在不同环境和复杂经济条件下积极面对问题、勇于承担责任、能更好地适应企业发展的新型会计专业人才。

二、以市场为导向，不断优化会计专业人才培养模式

人才培养目标必须与现实相符并具有前瞻性，而且随着社会变化不断进行修正。会计专业人才培养目标主要取决于社会环境或者会计专业人才市场对会计专业人才所需的知识、能力、基本素质的判断和界定。根据经济建设对会计专业人才的实际需求及趋势，从人才市场细分和就业目标定位的视角来看，高校本科会计专业应进一步加强对学生综合素质和能力的培养。会计教育最重要的目标是培养学生独立学习的能力，大学教育应为学生提供终身学习的基础，

使他们在毕业后依然具有独立自主的精神和持续学习新知识的能力。

三、创新课程设置，优化课程体系

高校应构建大专业、小方向的模块化课程体系，增设职业能力选修模块。会计学专业课程设置应以应用能力的培养为主线，专业课应加强针对性、兼顾适应性，强化对学生的实践能力和未来工作适应能力的培养。在教学内容方面，会计学专业课程应根据会计岗位一线技能和能力的需要进行安排，注意理论知识的前瞻性、专业技能的适用性，强调学以致用，实现课程体系和教材内容的科学化及合理化。在课程设置方面，除公共基础课与会计专业课外，要以各种方式开设相关学科的课程，以适应知识结构多元化的人才培养目标；应尽量避免内容的重复，在有限的课时内增加课程容量，即使只有一门课程，也要力求知识的广博性。会计学本科专业应遵循"平台+模块"的教育体系和课程体系，注重特色办学。

四、创新会计实践教育，培养社会实用型人才

实践是创新的基础，大学生实践能力的培养日益受到人们的重视，高校会计教育要逐步压缩理论知识所占的学分和课堂的讲授时间，加强实践教学。要彻底改变传统教育模式下实践教学处于从属地位的状况，就要强化会计教学的实践环节，使会计专业课程中的实验教学系统化，加强学生对各专业知识的融会贯通和综合运用，培养学生的综合分析和解决会计实务问题的能力。高校会计专业人才培养方案应构建一个科学合理的实践教学体系，策划好每个实践教学环节，尽可能为学生提供综合性、设计性、创造性比较强的实践环境，让每个大学生在专业学习中都能接受实践课程的培养和训练，不断提升学生的基本技能和实践能力。

五、重视会计教学与实践相结合的创新

实践证明，产学研相结合是教学与实践相结合的最好形式。实行校企合作，有助于高校与企业双赢。一方面，高校可聘请行业专家共同制定培养方案，邀请行业专家参与教学过程，如聘请企业财务总监、高级会计师等举办讲座，通过他们现身说法，就企业会计、财务与管理热点问题进行讲解，激发学生关注企业财务会计实际、为将来投入财会工作而努力学习的积极性。高校通过与一大批财务总监、总会计师等成功人士建立长期、稳定的合作关系，聘请他们为"兼职教授"或学业导师，为高校培养高素质的会计专业人才提供有力的智力支撑。同时，高校与企业合作，既可以为学生寻找稳定的校外实习基地，也可为会计专业学生的实习以及提高其实践能力提供有力保障。另一方面，教师与企业的广泛接触，有助于教师了解企业会计实际情况，进行一些有针对性的科学研究，解决企业可能遇到的财务会计问题。同时，高校吸收企业人员参与会计专业人才培养方案的修订和完善，可以及时地为企业输送更多优秀的实用型会计专业人才。

六、利用课外学分制培养学生的创新精神

学生只有具备开放式的积极探索精神，充分发展其创造性思维，才能拥有创新能力。在会计专业人才培养方案中，高校应适当增加课外学分。课外学分可通过参与社会调查活动、公开发表学术论文、举办学术讲座或报告等方式获得。例如，安排和鼓励学生参加各种科技讲座、学术报告；鼓励高年级的学生参与教师的科研课题，撰写科研专题调查报告，发表学术论文；鼓励学生参加文化活动，包括撰写文化素质教育必读书的读后感，参加体育类、美术类、音乐类的竞赛，开展各种英语学科竞赛；鼓励学有余力的学生获得一项专业技能资格证书；等等。

第六章 大数据背景下会计教学的创新路径

第一节 大数据背景下会计教学改革的创新思维

一、会计教学改革的需求分析

（一）会计教学环境现状分析

教学环境就是影响教学活动的各种外部条件。在现代教育技术条件下，教学环境包含两个方面的要素，即各类资源和递授系统。当前，高校会计教学要特别注意以下环境因素的变化和影响：

1.社会环境变化对会计教学的挑战

社会环境对会计的发展产生的影响不仅是具体的，还是直接的。政治体制的不同会影响政府对经济资源的控制与管理，在宏观上，表现为对经济资源的控制与管理有不同的要求和侧重点；在微观上，不仅在对资产的确认和计量不尽相同，在会计的核算和处理方法上也有所不同。随着市场经济体制的确立，改革开放进程的加快，金融市场的作用变得更加重要；伴随着金融市场的不断发展，金融资本的作用愈发增强，诸如银行会计、证券公司会计等金融业会计显得愈发重要。相应地，金融业会计等方面的内容也必须要纳入高校会计教学中，相关的教学内容也要随着经济的发展不断进行补充。

2.经济全球一体化对会计教学的挑战

经济全球一体化是指超越国界的世界经济活动，是资本、商品、劳务及信息为实现资源最佳配置的自由流动。会计作为一种通用的商业语言，可以比作资本跨国界流动中的润滑剂，随着经济全球化进程的发展，会计由一国之内"通用"逐渐发展为全球范围内"通用"。由于社会环境的影响，不同国家的会计准则势必存在巨大的差异，这成为日益频繁的国际贸易亟待解决的难题。为了避免贸易成本的增加以及资源的浪费，各国的会计准则和会计制度必须要互相协调。

会计国际化在促进全球经济一体化发展的同时，全球经济一体化也在影响着会计教育，并带来了巨大的挑战。在全球经济一体化进程中，大量的跨国公司相继进入我国市场，跨国公司的本土化经营产生了大量的人才缺口，不仅需要高新技术人才，还需要熟悉世界贸易规则的多领域高级经营管理人才，如金融、管理等领域。在经济全球一体化的背景下，高校会计教学必须不断进行相应调整，以此来满足持续不断的经济全球化进程的需要。

3.信息技术革命对会计教学的挑战

现代信息技术的发展与变革，使整个社会经济的运行方式产生了翻天覆地的变化。现代化的会计信息系统是依据现代网络环境，具有高效率、智能化的一种信息管理系统。该系统不仅能够高度自动化地处理会计业务，还能够对会计信息进行主动和实时的报告，使之成为一个开放的系统；不仅可以对会计信息做到高度共享，拓展会计功能，还可以拓展会计信息系统的功能，使其在传统核算功能的基础上增加控制功能和管理功能。

信息技术革命影响了会计主体的组织结构，传统的金字塔式组织结构会消失，取而代之的将是新的网络组织；上层组织与基层组织之间的关系会更加紧密与直接，传统组织结构中的中层管理会逐步被淡化。传统会计的变革，主要围绕通过建立什么样的会计模式，才能对经济活动进行正确反映和监督这一问题来进行探索。针对信息技术发展给会计带来的影响，高校会计教学需要与之相适应，如教学内容、方法、手段等均要与时俱进、不断更新。

4.知识经济对会计教学的挑战

在当前的知识经济社会中，不管是经济的发展，还是社会的进步，都愈发依赖人的智慧和创新，即对知识积累的依赖以及对有效信息运用的依赖。以世界经济合作与发展组织为研究主体，针对其主要成员国国内生产总值进行调查，依据相关研究报告可以得知，以知识为基础创造出来的国内生产总值占有的比例超过 50%。

知识经济的发展，使会计的生存环境产生了巨大的变化。会计能够记录和反映经济的发展，它既是一种工具，又是一种手段，这就要求会计专业人才作为实际操作者和使用者，为适应会计环境的变化，要对自身工作方法和工作手段不断进行变革和更新。会计教育体系对培养和教育会计专业人才起着重要作用，因此也要对其加以重视。

在知识经济社会中，以农业和工业为代表的传统经济形式依然存在，但是随着知识经济的发展，越来越多的人参与新型经济的发展，并且具有明显的以无形资产投入为主的特征，相应的工作岗位和业务种类也在逐年增加，以便人们可以依据知识来获得高额报酬。知识经济为发挥会计的职能作用提供了良好的机遇和更加广阔的空间，为更好地进行教育改革营造了良好的氛围。

知识经济时代下信息技术的发展对我国会计教学产生了重大影响，信息技术作为教学手段及方法创新的技术依据，促使会计专业教师将计算机和网络技术应用到会计教学中。通过这种基本手段衍生出的一系列信息技术工具，将使会计教学方法得到极大的丰富和完善。

5.教育机构的竞争对会计教学的挑战

许多国家对我国教育市场是非常认可的，这也为我国高校的发展带来了挑战与机遇。挑战主要表现在：许多国家为吸引我国学生出国留学采取了多种措施，我国也放宽国外教育机构或公司进入我国合作办学的条件；国外机构具有较强的吸引力，直接参与我国国内高校的竞争，对高校是一种挑战。机遇主要表现在：引进国外会计教育方式，借鉴先进国家的经验，在实践中结合我国国情，能够促进我国会计教育的发展。

随着教育国际化的发展，网上教育也逐渐成为现实，这无疑会对我国高校产生巨大的竞争压力。如何顺应会计教育国际化发展潮流，如何适应会计教育市场竞争的要求，是当前我国会计教育必须认真研究的重大课题。

（二）高校传统会计教学模式存在的问题

1.教师的教学理念落后

尽管高校会计专业教师的教学水平普遍不低，但还是有一部分教师受到传统教学观念的影响，在教学中采用"满堂灌"的教学方式，将会计理论知识灌输给学生。这种教学方式不仅不利于调动学生的学习积极性，甚至还会使学生失去对会计的学习兴趣。

2.教学方法陈旧

在当前的高校会计专业教学中，还有一部分教师，将一种教学模式照搬到每一个班级的教学中，并沿用至下一届学生，在教学方法上没有推陈出新。在高校会计专业教学过程中，会计专业教师应营造一种活跃轻松的课堂氛围，在课堂上灵活运用一些有趣的、实用的以及能够提高教学质量的教学方法。

3.缺乏教学实践部分

在传统的会计教学模式中，会计专业教师往往将较多的时间放在理论知识的讲解上，学生在课堂中进行自主学习及课堂实践的时间是比较少的；另外，在课堂之外的教学实践中，针对会计专业学生进行的教学活动，组织起来比较困难，这些问题均导致学生学到的会计理论知识难以应用到实践中，阻碍了会计教学效率和质量的提升。

（三）新时期高校会计教学的改革

1.转变教学观念，创新教学方式

高校会计专业教师应直面互联网时代给高校会计教学带来的挑战。作为一名高校的会计专业教师，应清醒地认识到传统的教学观念已不适应当前互联网环境下的发展需求。不管是高校还是教师，均要积极吸收新的教学理念和教学技术，并灵活应用到会计教学实践中，真正做到由传统教学模式中的传道、授业、解惑者转变为引导者。高校会计专业教师只有转变教学观念，才能适应和满足互联网环境下对高校会计教学的要求。

2.加强同互联网企业的合作互动

高校会计教学为满足当前互联网环境下的经济发展，应加强与互联网企业的合作，这一行为不仅对高校的发展具有重要意义，还对会计专业学生的发展有着非常重要的作用。在实践中与互联网企业进行合作，将人才输送到互联网企业，进而共同开发出一种互动体验式产品，模拟企业的经营和管理过程。通过会计电算化，高校会计专业的学生能够更好地体验会计工作。

3.推出优质的会计教学网络课程

网络技术是互联网环境的关键。传统的高校会计教学模式已经难以满足互联网环境下经济发展的需求。高校会计教学应从网络入手，使教学模式与网络进行融合，推出会计教学网络课程，使学生能够自主选择在线课程进行学习，教师的职能也由单纯的知识传授者转变为学生学习的引导者。会计教学在不断推出优质课程的同时，还应当对教学资源进行整合，通过与兄弟院校的合作真正做到资源共享，从而实现网络会计教学资源利用的最大化。

4.提高会计专业教师的素质水平

在高校会计教学整体环境中，会计专业教师无疑是普遍具有较高素质水平的。随着经济的飞速发展，互联网时代背景下，高校会计专业教师要直面新的会计教学要求，并快速适应。在新的要求下，部分会计专业教师难以适应新的教学要求，这就需要高校加强对会计专业教师的培训，不仅要培养教师的互联网思维，还要培训教师的教学业务能力，使其能够更好地进行会计教学。

综上所述，高校会计教学的质量会直接影响学生的发展，影响学生是否能成为优秀的会计专业人才。高校会计教学为适应当前互联网环境下的新情况、新要求，势必要进行改革，从而更好地开展会计教学，以提高教学的质量，促进学生的发展。

（四）互联网时代会计教学改革的必要性

随着互联网时代的到来，经济全球化的趋势日益明显，会计教育环境也随之发生变化。面对飞速变化的世界，会计专业教育也应该适应时代发展，充分利用互联网对会计教育的有利影响。时代的变化必然会对会计教学提出新的要求，具体表现在以下几个方面：

1.互联网时代学生创新能力的加强

互联网时代背景下，会计专业学生除了应具有较强的处理会计实务的能力外，还应具有创新能力。一方面，创新能力是针对具体会计工作的一种变革能力，如会计核算、会计监督等；另一方面，经济的发展与变革，对企业内部经营管理现有的各种规章制度产生冲击，为适应社会发展需要，企业内部应进行改革与完善，构建一种有效的内部控制制度。随着会计的不断发展，社会对会计专业人才素质的要求将越来越高，创新能力在会计专业人才智能结构中的地位将愈加重要。

2.互联网时代学生应变能力的需要

互联网时代背景下，由于平台广泛，市场信息的特征得以凸显出来，如多变性、即时性和交互性。会计专业学生不仅要系统地掌握管理学、经济学、会计学等方面的基本理论、基本知识和基本技能，具备从事本专业工作的能力；还要具有适应未来复杂多变的会计环境的能力，即学会如何根据已经变化的客观实际，运用所学的专业理论知识和基本原理去分析、解决实际问题，探索新的工作方法和工作领域。也就是说，衡量学生的标准不能仅看他现有的工作适应能力，还要看其从现有知识中引入新知识的能力，即看学生的潜在能力及其发挥状况。

3.互联网时代学生研究能力的提高

互联网时代，由于资源丰富，每个人都要接受海量信息，因此每个人也都要提高自身各方面的能力，成为一名综合型人才。会计专业学生要具有的综合能力，不仅包括语言与文字表达能力，还包括信息获取与处理能力以及一定的研究能力。会计专业学生要掌握的基本方法有文献检索、资料查询等。基于互联网时代对会计专业学生提出的要求，教师在会计教学过程中应将提高学生素质和能力贯穿教学的始终，不仅要培养学生的创新思维，还要提高学生探求新知识的能力。

4.互联网时代通用型会计专业人才的需要

互联网开放的信息资源为世界各地的学生打开了无处不在的学习之门，这将引起高校发生巨大的变革。在这个大背景下，高校利用移动课堂资源培养通用型专业人才将成为可能。

会计专业的学生在今后将会面临复杂多样的会计工作环境。不同行业、不同组织形式的会计工作，要求会计专业的学生不仅要具有承担会计相关管理工作的能力，还要能够胜任各行各业的会计工作，甚至是服务于特殊业务的特种会计。各行业会计之间的基本原理是相通的，会计专业的学生要依据自身掌握的会计基本理论和方法，来满足各行业对于会计的需要。因此，高校在会计教学方面，应重视学生对基本理论和方法的掌握，而不是强调课程设置与行业划分是否一致。

二、创新助力会计工作转型升级

随着信息技术的兴起，为适应和引领经济发展新常态，需要在我国现代化进程中充分融入信息化建设。

（一）推进会计信息化创新的重要意义

会计信息化是当今世界发展的必然趋势，会计工作贯穿于经济社会发展的方方面面，并与信息化建设构成相辅相成、相互促进的紧密关系。随着信息技术创新的快速发展，推进会计信息化工作创新，其意义主要有以下几点：

1.有利于顺应发展趋势与落实国家信息化战略

（1）推进会计信息化工作的创新，是信息技术发展的必然趋势。信息化是在经济社会发展进程中的一种历史必然趋势，是推动经济社会发展转型的一种变革力量。通过信息技术对信息资源进行开发，在加速信息交流和资源共享的发展进程的同时，可以促进以创新引领会计信息化，助力会计工作转型升级。

（2）推进会计信息化工作创新，是使国家信息化战略得以充分贯彻落实的重大举措。在国家会计信息化发展进程中，会计信息化作为其中的重要环节和基础工程，对全社会信息化水平的提高起到不容忽视的作用。在当前信息化背景下，会计为满足新时代的新要求，应对先进的信息技术不断进行创新，以实现对会计信息化功能深度挖掘的目的，使会计的管理职能得以充分发挥，进而在经济社会发展中充分显示出会计的重要作用。

2.有利于顺应市场经济发展要求和提升管理水平

（1）推进会计信息化工作创新，是顺应市场经济的发展要求。会计是一种通用的商业语言，会计信息能够充分显示出企业的经营状况，有效地引导资源配置，进而对市场供求的价格形成机制进行完善。

（2）推进会计信息化工作创新，是提升企业经营管理水平的依据，是使会计专业人才的会计工作职能得以提升的依据，也是推动会计手段转型升级的依据。推进会计信息化工作创新，主要具有以下四个方面的战略意义：

第一，在会计信息生成与披露方面，能够促进其实现标准化、规范化。

第二，在会计信息与企业业务信息方面，能够促进其实现同步化、集成化。

第三，在电算化条件下的信息传递转变方面，具有三方面的作用。首先，由实时在线的信息取代传统的时效迟滞的信息；其次，由联结价值链的整合信息取代传统的相对单一的信息；最后，由多向"批发"的信息取代传统的单向"零售"的信息。

第四，具有重要的战略意义，有利于企业做出科学的决策、整合信息资源。

3.有利于顺应经济全球化发展要求及参与国际规则制定和协调

（1）推进会计信息化工作创新，是顺应经济全球化发展的要求。当前社会环境的多元化发展以及全球治理体系的深刻变革，充分显示了信息技术在未来发展中能够起到的重要作用。可以说，拥有先进的信息技术，就是拥有未来发展的先机与优势。

（2）推进会计信息化工作创新，是参与国际规则制定和协调的必然选择。从我国会计审计准则体系建设和国际趋同等效的经验可以得知，在相关规则制定的过程中要将被动转变为主动，要将一般建议转变为施加影响，要将追赶国际规则逐渐转变为使我国的某些规则上升为国际认可的通用规则。这些转变不仅有利于维护国家经济安全，还在国家根本利益和长远发展方面，具有重大而深远的意义。在推进会计信息化工作创新的进程中，全面介入国际会计信息化标准方面的相关工作，通过参与研究和制定工作，使我国在会计信息化标准方面的国际影响力得到充分的发挥，进而促进我国会计信息化领域的标准通过不断变革与创新成为国际标准，使我国会计信息化工作踏入世界先进行列。

（二）会计信息化工作的效果

1.基本完成会计信息化工作的顶层设计

会计信息化工作在多方面的共同努力之下，先后建立了以下三个协同机制：

（1）会计信息化专业委员会，是指我国会计信息化标准体系建设、实施和管理工作的咨询机构和协调机制。

（2）可扩展商业报告语言中国地区组织，是指可扩展商业报告语言国际组织的正式国家和地区的组织成员，由会计信息化专业委员会的成员单位组成，是我国可扩展商业报告语言工作的国际交流平台，负责推动可扩展商业报告语言在我国的应用。

（3）全国会计信息化标准化技术委员会，是指负责制定会计信息化领域国家标准的专业技术委员会，负责起草和制定会计信息化领域的国家标准。

2.扩展资本市场、国有资产和保险等监管应用

可扩展商业报告语言的应用领域正在不断扩大，当前已应用的领域有国有资产财务监管、资本市场信息披露等。在我国上海和深圳证券交易所，所有上市公司在年度和季度财务报告披露中都使用了可扩展商业报告语言。在监管领域应用可扩展商业报告语言，能够促进监管效能提升。支持与使用可扩展的业务报告语言的监管机构数量日益增加，在我国的应用范围也在不断扩大。

3.扩展商业报告语言对企业的应用价值

基于通用分类标准，一部分企业正在寻求可扩展商业报告语言的应用领域，体现为由对外报告领域向内部应用领域扩展，并启动了相关应用项目。这些项目通过应用可扩展商业报告语言，对企业内部的数据进行了统一标记，并且形成了一种统一的结构化数据体系，从而为提高管理会计质量提供有力的数据支持。近年来，多个项目通过可扩展商业报告语言的应用，取得了不错的成果，越来越多的企业正在为实现可扩展商业报告语言的内部应用而不断探索，充分体现出可扩展商业报告语言在我国企业的内生动力方面正在逐步加强。

4.扩展数据的互联互通显露雏形

基于会计信息化专业委员会成员的支持，相关财政部门逐步在财务报告领域和不同监管领域建立了一系列可扩展商业报告语言分类标准系统，这些分类标准彼此兼容，可以说为可扩展商业报告语言数据的互联互通奠定了坚实的基础。

在可扩展商业报告语言分类标准系统中，财务报告领域的通用分类标准主要是由中华人民共和国财政部制定的，中华人民共和国财政部还负责联合监管部门，实现对不同监管领域通用分类标准的扩展分类标准进行制定。不管是通用分类标准，还是扩展分类标准，均是采用相同的技术架构，并且在监管报告中若是涉及财务概念、监管分类标准方面的内容，这时应直接引用在通用分类标准中的定义。统一的分类标准，使可扩展商业报告语言数据之间的兼容性得到保障，进一步为监管机构之间的数据的互联互通提供了基础。企业可以在同

一信息系统中设置不同监管机构的分类标准和报送要求，实现自动组装和生成不同监管机构的报告，有效减轻对外报送的负担。统一标准下的数据互联互通，随着监管扩展应用范围的日益扩大，其优势也将逐步显现出来。

三、会计教学改革的发展形势

（一）互联网时代会计行业的发展趋势

我国会计改革和会计行业的发展与开放已经取得了显著成就，对外贸易不断发展为我国会计改革和会计行业的发展提供了良好的外部环境。会计教育应根据会计专业人才市场、会计职业资格认定、会计专业人才培养目标、课程设置和教学模式进行设定。

1.网络互联为会计行业的发展提质增效

（1）信息传导实时呈现。互联网的发展以及会计专业软件和财务管理平台的相继出现，可以充分显示企业的每一项资金流动，并且是全景监控的实时动态反映。随着会计行业的变革，会计核算的范畴也在不断扩大，不管是在企业的资金流动方面，还是在企业的运营流程方面，均有更加透明化的趋势。作为企业的管理者，通过远程监控系统，可以对子公司以及企业的上下部门实现统一管理。远程监控系统不仅可以将资金流向和财务发生的相关信息第一时间传达给管理者，还可以实时生成相应的报表；不仅真正做到了动态会计核算，还做到了在线财务管理。另外，生成的协同报表还可用于相关部门的监管审查，使会计业务实现一体化，简化工作流程。在企业中同样也可以利用互联网实现远距离部门之间的互联互通，有利于集中财务数据，并采用多种模式进行加工处理，可以更好地服务管理者。

（2）信息呈现快捷。当代企业通常采用多种方式来实现集团化，如规模扩张、兼并重组等方式。在全球化背景下，跨地区、跨国经营的企业发展已是常见现象，因此，当前企业的财务掌控和管理，离不开互联网和专业财务平台。

财务管理模式受到网络环境的影响，其发展与变革对财务信息的收集和加工处理程序产生了有利影响，使其变得更加简易化、集成化。企业财务信息范畴也有所扩展，表现在由传统会计的单纯的计算报表，逐渐扩展为以网络会计技术为中心的应用发展，如跟踪定位、单证交换等。当前企业的管理工作正处于过渡阶段，由制度控制转变为程序控制。信息的全面快捷，主要是从管理者的角度出发的。首先，网络财务管理中心充分满足了企业管理者的管理需求，通过索引数据，就能获取完整的数据，实现个性化的管理。其次，企业可以利用互联网建立数据库，将企业各个时期的各种财务指标进行储存，有助于与其他企业的相关财务指标进行比较，可以更好地服务决策者。

（3）信息共享便利。随着互联网技术的普及，企业内部的会计信息更加透明化，主要表现在信息处理加工和报表呈现两个方面。企业相关部门为满足不同的财务需求，通过网络来完成财会数据的采集以及获取一些企业外部信息。使用互联网不仅能增强信息的集成功能，还能增强信息的整体管控性，进一步优化财务运作。随着软件管理的不断发展与完善，防火墙技术、信息安全性均得到进一步的增强与保障，企业管理者通过网络安全授权，不仅能够直接获取全方位的财务管理信息，还能实现网络信息资源实时共享。互联网技术使信息的收集、传输和处理更加顺畅，提高了财务的运作效率，增加了财务报表的可靠性，进而为决策者提供了充实的决策依据。

2.网络互联为会计专业人才的转型带来新机遇

传统财务工作范畴受到互联网和大数据飞速发展的冲击，已经由金融核算、财务报表等方面的工作内容，步入现代化管理体系的行列之中，财务报表转变为以战略规划、风险控制等方面为工作重心的管理体系。因此，会计从业人员的转型，主要表现在由传统的核对工作，逐渐转变为专业化的管理工作。

（1）从数据采集到数据加工的转型。会计专业人才的工作正处于从低阶数据收集到高阶数据处理的过渡阶段。传统模式下的会计预决算，其运行过程存在的弊端，如存储数据不足、从业人员技能水平低等问题，干扰了预决算数据的准确性。即使是基于企业内部数据和历史数据而进行的预决算，也存在诸多缺陷，如过时化、碎片化等。会计行业受到互联网飞速发展的冲击，同时也给职业会计人的转型带来了契机，主要表现在工作重心的转变上，由数据收集者过渡到数据加工者。互联网的发展，为会计行业信息的收集带来了新气象，使之更加简便。会计专业软件的使用，使会计信息可以得到各个层面的加工，处理过程更加透明、高效，在会计财务核算方面更为规范化，在会计财务监督方面也更具准确性、科学性。

（2）从操作者向管理者的转变。随着互联网、大数据的飞速发展，传统会计专业人才的操作者身份已经难以满足新时代的新要求，因此应将其逐渐转变为管理者。会计从业人员应与其他部门进行多个角度的连接，进而开设多方账户，并纳入现金流量预测、银行会计核算、资金核算控制、财务管理等业务，建立会计电算化数据集。会计从业人员应与其他行业建立对接以及进行数据交换，这样一来不但可以增强财务信息的可靠性、准确性，还能够使财务管理更加合理，使反馈的财务数据更加有序、及时；使商品交易进一步得到满足的同时，也使企业内部管理控制与决策的需求同样得到满足。

受网络大数据的影响，传统会计从业人员已经难以满足客户对信息核算处理等方面的需求，传统的财务报告存在的弊端也逐渐暴露，如人为操作错误率高等，难以满足商业发展的需求。传统会计从业人员作为简单的数据操作者，为适应新要求，应进一步转变为管理者，通过报告系统来使财务报告真正实现自动化、实时化、无纸化。会计从业人员应通过计算机和云技术建立一个强大的数据库，利用专业性的会计软件，使财务信息的载体发生转变，由传统会计的数据传输计算，逐渐转变为对符号的加工。采用信息化技术，有助于以最短的时间完成会计报告的生成，缩短会计报告的上传、计算、归类和组合时间，并且可以最大限度地满足特定财务的需要。网络传导状态下的财务信息，是对会计报告传输形式的根本性改变，不仅减少了人工消耗，还有效地降低了传递成本。

相关专业软件不仅能使会计报告及时生成，还能缩短审计人员的审计时间。公司管理部门在国家统一标准之外的审计内容也发生了转变，那就是由按照统一标准产生的信息，经过发展逐渐转变为为特定要求而定制的报告模式，这有利于减少失误。此外，利用信息技术，还能对历史和已发生财务关系的内容进行多角度的总结和分析，进而对未来的经济状况进行预测。

综上所述，会计工作的不断发展与变革，将会促使会计教学更加多元化、更加全方位。

3.互联网为会计职能的转变创造新环境

会计的职能正在经历一系列的转变，从数据处理这一职能来说，正在由收集处理和造表提供逐渐转变为对比应用和决策辅助，会计程序正在由事后核算逐渐转变为事前的预测评估。会计职能的这些发展趋势，有利于从更深层次探索会计行业的职业内涵。

（1）发挥会计预测分析和监督监管功能。当前，新型的会计职能可以追踪和记录企业的一系列经营活动，即企业的预算、决算执行过程与结果。会计报表和数据指标可以通过软件和数据平台进行定期编制，为管理者的考核运营目标提供依据，管理者可以根据这些可靠有效的资料信息进行下一步的决策。企业依托具有专业性、市场化的相关应用软件，可以为企业的生产经营活动减少计算误差、缩短时耗。互联网对于企业经营活动能够起到以下作用：

①互联网的应用可以使企业内部信息的流动更为安全有序。

②利用互联网开立账户，可以对各项财务业务进行分类的、连续的记录。

③伴随着各项经济业务的发生，各会计要素的情况也会发生变化，互联网能够充分展现其中的增减变动情况和结果，经济管理者也可以从中获取各种类型的会计指标。

④互联网为会计业务往来带来了极大的便利，利用互联网可以进行异地远程结算，可以对相关报表做到及时传输，还可以通过合理使用图表并加以幻灯片等方式对会计信息进行演示，这大大增加了会计信息的可视性。

⑤依据网络环境而建立的会计信息系统，作为在电子商务方面必不可少的组成部分，有利于企业各部门间的合作，如管理、成本、财务等部门之间的融合，以此来满足对会计职业本身专业化的需求。

⑥电子商务模式会直接导致会计信息容量增大，这时就更加需要在财务与业务之间，通过互联网来实现协同远程报表、财务披露及查账等项目的往来。

（2）将会计工作的重心转移到协调管理中。行业间互联，在满足了决策者需要的同时，也给传统会计行业带来了冲击与新的发展机遇。冲击体现在行业间互联不仅改变了会计行业原有的经营模式，还改变了会计行业原有的工作运营环境，增加了资本流动，使商业发展脱离了时间与空间的限制。行业间互联为会计行业转型带来了新的契机，会计从业者和职业会计专业人才要及时抓住这一发展机遇，通过不断学习与调整，在行业发展方面加强与市场、与国际的接轨，适应当前的互联网环境和电子商务的发展进程，以便更好地服务于企业发展和公司决策。

（二）互联网时代会计教学的发展趋势

1.基于互联网模式整合会计教学资源

随着网络信息的快速发展，"互联网+"应运而生，对于会计实践教学来说，整合传统教学资源非常重要。会计工作会涉及企业保密信息，导致相关企业更愿意招聘一些具有一定实践技能的人员，而不愿接受一些实习生，这就要求高校进一步加强对学生业务处理能力和实际操作能力的培养，必须结合实践培养出能够适应当前互联网时代发展、符合当下企业需求的会计专业人才，依据互联网的优势以及通过大数据平台培养和提升学生的综合能力。

2.教师采用MOOC、微课等新的教学方式

互联网的发展给传统教学模式带来了冲击，受网络新媒体的影响，传统教学模式正逐渐迈向多元化。新时代要求高校教师不仅要具备互联网思维，还要具备相应的互联网技术。创新是教育改革的重要组成部分，高校会计专业教师顺应时代的发展，利用互联网来进行教学方式的创新，如MOOC、微课等，极大地丰富了当代教学的方式。

3.构建会计的情景模拟实验教学模型

互联网的发展为教学创造了无数的可能性，当前传统会计教学，如"填鸭式"教学模式正逐渐被"互联网+"与会计教学相结合的方式所取代。高校可以通过互联网技术建立一个模拟平台，即具有开放性的仿真企业模拟实训室。仿真企业模拟实训室通过模拟整个企业环境，并且将会计环境纳入其中，体现企业从建立到运营的过程，可以使会计专业教师和学生不再只依靠书本学习。仿真企业模拟实训室能够做到与企业真正接轨，实现在实践中教学。

4.高校会计教学改革下教师素质能力要求

（1）教师应具备优秀的教学素养

会计教学的改革，是对会计专业教师拥有的综合素质与能力的一种挑战。会计专业教师在进行教学课程的设计时，如何满足学生全面发展的要求，如何对学生的思维进行正确的引导，如何直面自身的不同状态，如何顺利完成课程教学目标及内容，这都需要会计专业教师具备一定的教学能力，也就是扎实的理论功底、知识更新等方面的能力。教师应当随着现代教育理念的发展，不断优化自身的素质结构，提高自身全方位、多层次的教学能力。作为会计专业教师，要拥有广泛且丰富的专业知识，要熟练掌握教学的基本思想和方法，还要具有优秀的理解事物发生和发展的认知能力。在引导学生掌握相关知识时，教师要注意采用科学的方法，引导学生形成主动思考的能力，使他们善于发现问题、解决问题。现代社会和科学技术的发展，使得会计学科与其他诸多学科之间相互联系，如经济学等，因此，会计专业教师不仅要增加自身的会计专业知识储备，还要涉猎其他学科的知识，以增强自身的素质和能力。

（2）教师应具备良好的人格魅力

作为教学改革的重要一环，会计专业教师在学生学习过程中始终扮演着多种角色。教师是知识的传授者，是集体教学活动的组织者，是处理人际关系的艺术家，是心理治疗方面的专家，更是学生的朋友。会计专业教师的人格魅力直接影响教学是否科学、是否具有艺术性。会计专业教师应不断维持自身的健康状态，不断丰富自身学识，培养高尚的美德，在言语和行动方面为学生树立榜样，真正做到言传身教。

（3）教师应具备丰富的实践知识和较强的教学能力

为丰富会计教学体系，高校应建立一支优秀的教师队伍，并且教师要具备优秀的理论教学和实践能力素养。会计专业教师的教学方法要注意体现科学性，将"教什么、如何教"贯穿于教学设计的始终。教师在进行教学活动设计时，要注意从宏观角度出发，注重整体的科学性，不仅要激发学生的学习积极性，还要保证学生参与教学过程的完整统一。教师应掌握现代教育理论的新兴发展学科，如教育心理学等，以及其他相关专业的科学技术和跨学科知识。教师应具有教学活动的设计与组织能力，熟练掌握各种教学方法与手段，并结合现代信息技术开展教学活动与专题研究。

（4）教师应具备较强的学习能力和科研能力

在知识经济社会中，教师为适应信息时代的发展，要将更新知识体系作为一种责任，将优化知识结构作为对自身的新要求。教师要具备掌握现代教育观念和现代教学方法的能力，以及加强对于新知识的认知。会计专业教师一方面要不断丰富学科领域的前瞻性知识，另一方面要善于进行理论筛选和结合实际，关注效率与公平之间的相互作用，使科研与教学具有丰富的科学内涵以及精深的专业知识。因此，合格的会计专业教师不仅要具有较强的学习能力，还要具有优秀的科研创新能力。

第二节 大数据背景下会计专业人才培养的新需求

一、大数据背景下会计教学改革的运行机制

（一）大数据时代背景下会计教学运行机制

1.教学目标的改革

在网络会计环境下，会计专业人才不仅要懂得会计理论知识、会计核算业务及财务管理知识，还必须学会如何应用会计软件来实际操作这些业务，以及如何通过优化企业的网络会计环境来实施网络会计。唯有这样，学生才能胜任会计工作岗位。当代的会计专业人才显然是既要懂会计知识，又要懂计算机应用，还要懂企业管理的复合型人才。高校的教学目标要进行改革，要兼顾对学生会计业务能力和会计软件的实施及操作能力的培养。高校应该用前瞻性的眼光确立复合型人才教育目标，突出和加强网络会计的地位。

2.教学理念的改革

网络会计的出现使会计学科体系扩充了会计软件、电子商务等方面的新内容，而且这些课程在纵向上具有层次递进关系，在横向上又具有内容方面的关联。其中，会计电算化类课程的部分内容更新比较快。

在新形势下，会计专业要转变教学理念，要用更宽的视野和发展的眼光来看待专业教学，使专业的包容性更强，而不应为了迎合市场上的某些需要去设置过细的方向，如在会计专业中再设"注册会计师""会计电算化""会计学"等方向。因为就本科阶段的会计专业来说，它定位于培养基础性专业人才，显然，会计理论基础知识、会计业务技能、电算化技术应用能力都是必需的。在会计学理论方面或会计电算化方面对学生进行进一步的专门培养，更适合放在研究生阶段，高校可以设一些较细的方向，便于攻读更高学位的研究生学习。

同时，因为学生从在校学习到毕业后从事会计工作有一个时间差，所以学生所学知识能为日后所用是十分重要的。一般来说，高校教学内容是相对静态的，在一个时期内变动较少，而会计实务却是相对动态的，随着国家的会计制度或有关政策的变化，会计核算方法也会发生变化。随着会计电算化技术的不断发展，会计核算手段也会不断推陈出新。因此，会计教学要有前瞻观念。在市场经济条件下，有关会计制度和会计准则方面的变化趋势及其问题要在教学中加以体现，对已经出现但尚未在企业广泛推行的较先进的会计软件要加以介绍，以保持教学内容符合会计实务的实际和发展趋势。

3.教学方式的改革

封闭式教学使高校和社会之间有"一墙之隔"，不利于学生接触社会，也不利于学生理论联系实际能力的培养。高校不仅要向学生传授书本知识，还要注重培养学生获取知识的能力、动手能力和创新能力，这就需要教师在教学中向学生提供较为丰富的教学形式，包括情景教学、案例教学和专题讨论等，而这样一系列的教学方式需要十分丰富的素材资源。一般来说，高校内部不可能提供所需素材的全部，提供的教学条件也是有限的，因此，向校外寻求教育资源补充很有必要。

实行开放式教学，有利于高校利用校外各种教育资源。组织学生"走出去"学习，利用企业的网络会计设施实行现场模拟教学，可以弥补高校因缺少实验设施而无法进行一些实验的不足。在校外实际接触企业会计，有助于学生尝试解决一些在高校教学中没有触及的实际问题。高校通过聘请校外有关专家进行专题讲学，可以弥补校内教师某些教学方法的不足，有利于学生拓宽视野、定期接触学科方面新的动态。此外，实践教学也要进一步加强。这里要抓好两个方面：一是要多上一些实验课，除了课时安排外，还应增设一些开放的实验课，为那些需要进一步加强练习的学生和有兴趣、有潜力在电算化技术方面展开进一步探讨的学生提供更多的实验机会；二是对现行的实习环节做些改变，目前，大多数高校只安排毕业前实习，由于这个时期大部分学生都忙于工作或考研，可能没有太多的心思用于实习上，因此实习效果并不太好。面对新的情况，高校可考虑增加学年实习，以便学生在学习的中期阶段有机会接触实际工作，从而更好地领会和消化阶段性学习内容；也可安排学生在假期进行专题实习。

（二）基于 MOOC 的实践教学运行机制

1.设计理念

首先，按照会计专业实践教学过程中实践性、开放性和职业性的要求，根据职业岗位层次、职业能力，分门别类地设置网络模块。其次，在调查现有 MOOC 的基础上，分类已有在线课程，以现有实践教学体系为支撑，配套网络实践环境、软件，构建基于 MOOC 的实践教学平台。

2.功能设计

在线教学平台是实施基于 MOOC 的会计专业实践教学的基础，应满足学生实践的要求，具有可用性，能够提高学生的学习持续性。其功能设计应简洁易用，教学资源应多元化，基本功能应包括基于数据库的大规模学期教学管理、学生注册、课程链接及课程上线、兼容浏览器。在线教学平台在运营一定时期后，还应逐步实现手机、平板、计算机等终端的访问接口，提供在线课程的即时测试，建立课程论坛，进行课后测试和平时作业，记录课程资源利用情况，提供在线问题研讨室，配以实时在线辅导答疑，并提供成绩综合评定系统，为校内导师和企业教师提供综合评价平台。

3.实施与保障

要想调动学生的学习兴趣和参与性，其核心在于教师。在线教学平台的众多教学活动设计与组织机制，例如设置教学情境，组织教学内容，提供独立的、可以帮助学生自主预习的短视频和阅读材料，设计课程实践情境，完善评价方式等，都需要保障团队来进行，这对保障团队提出了要求。

会计专业实践教学体系的顺利实施需要专职教师团队的参与，除校内专职教师外，团队中还需要网络技术专家、视频录制与制作专家和会计行业专家。网络的设计和视频的录制与制作也可以外包给专业公司来完成，但优秀的会计人力资源则需要不断通过校企合作逐渐开发，进而保持稳定。

4.实践课程评价机制

会计专业融合了导学、实践教学及学习环境一体化的网络平台，能够充分调动现有资源，如企业案例资料、各类财务软件、教学平台等，建立在课内、课外学生与教师沟通交流的有效媒介。除在线模拟课程的"学"与自身工作项目的"做"之外，还需建立起导师导学、定期见面答疑和常态化网络答疑机制，改变在线课程以往"视频+答疑"的简单学习与评价模式，形成学生自评、小组评分及计算机客观评分、实践指导教师评分等相结合的实践评价机制。会计专业实践教学按照岗位课程的内容，将职业工作内容项目化，配套的课程评价机制则以项目评价为主。评价过程中既要检测学生对实践课程相关知识的理解、掌握程度，又要考查学生岗位技能的运用及模拟项目的完成情况，并评价学生通过课程的学习，在综合分析能力、表达能力、团队合作、道德素养方面达到的水平，进而全面提高学生的岗位适应能力。

二、大数据时代会计教学改革的主体分析

（一）大数据时代会计师资队伍的建设

1.会计专业教师课堂内部角色特性的重新定义

随着新课程改革方针的大面积覆盖落实，高校内部的会计专业开始大力提倡项目教学法，鼓励师生合作，渲染课堂积极探究、互动等愉悦氛围，使得学生能够在课后不断借助网络、图书馆等渠道搜集广泛的课题信息，同时主动渗透到对应岗位领域中，积累实践经验，不断完善自身经济分析的实力。透过上述现象观察，教师的角色与地位几乎发生了本质性的变化，以往知识"填鸭式"硬性灌输的行为弊端得以适度遏制，并且朝着多元化设计教学情境、激发学生自主学习意识，科学评估会计专业技能等方向，规避了学生在今后就业过程中产生的任何不必要的限制因素。

2.教师会计思维创新和团队协作意识的全面激活

具体来说，就是遵循会计行业专家的科学指示，自主将会计一体化教学岗位的实践工作内容，视为自我专业技能和职业道德素质重整的关键性机遇和条件，积极推广、宣传和系统化落实项目教学理论。毕竟，借由上述渠道开发和延展出来的教学项目内容独特性显著，作为新时代专业化会计课程讲解教师，应该敢于跨越不同学科的束缚，在团队合作中完善自身的各项学科知识和技能结构，这样才能尽量在合理的时间范围内，将今后的工作任务转化为项目教学策略，并对学生进行细致化灌输。

3.不断提升教师团队整体现代化教学理念

为了快速辅助会计专业教师转变岗位意识，高校相关领导可以考虑定期邀请会计分析专家到校开展专题报告工作，确保校本培训工作的顺利开展；鼓励相关专业教师明确掌握会计专业课程改革的现实意义，投身到不同规模的职教学会、教研分析活动之中，或是组织教师参观教学改革成就突出的高校，及时更新自身教学规范理念，避免脱离时代发展诉求。

（二）师生进入移动自主学习角色

1.学生角色

学生可以通过登录移动自主学堂进入移动自主学习的角色，在移动自主学堂上看到自己未完成的任务，其中包括教师发布的考试、作业和学习资源，以及看到自己设置的学习任务，如查看学习资源和错题练习等。自主学习系统可以根据学习曲线算法，在适当的时间给学生布置相应的学习任务，当学生长时间没有练习和复习某个知识点时，系统会将相应的学习资源和练习推送给学生，督促学生进行练习和复习。学生还可以在移动自主学堂上查看自己最近一段时间的学习记录，及时了解自己的学习情况。学习记录包括最近学习的资源，以及学习每一种资源所用的时间、测试情况的反馈，也包括每一个知识点测试题目的数量、正确率等信息。学生在平时考试、做作业会产生错题，利用好这些错题可以有效提高学生的学习效率。移动自主课堂的考试、作业功能，可以根据学生的学习记录自动剔除学生已经牢牢掌握的试题，从而缩短学习时间，提高效率。学生可自主在题库中随机（由系统根据算法进行预筛选）或指定筛选条件来抽取试题学习，也可以根据系统推送，对掌握得不好的知识点进行专项试题练习（缩短学习时间）。同时，系统可以根据高分学生的学习记录，推送这部分学生的学习资源和练习题，供当前登录的其他学生进行练习，并根据练习题的测试情况调整推送参数，以探索最适合学生的学习模式。针对每个学生的不同学习特点，自主学习系统能够对学习资源进行有效分类。

2.教师角色

教师可以通过登录移动自主学堂的考试系统进入移动自主教学角色，利用考试系统给学生出题，同时指定试题的属性，如关联的知识点、体现的能力和难度系数等。考试系统可以根据学生答题的情况，计算出试题的难度系数，自动将错误率较高的题目推送给教师并提出建议，确认是否题目太难、讲解不够等，从而优化题库。为了提高教学效率及资源利用率，考试系统可以统计每个资源的使用情况，包括学习次数和时间等，并针对使用过于频繁或者过少的资源推送通知。教师可以通过考试系统发布随堂练习，及时查看学生对知识的掌握程度，以便当堂解决学生在本节课的学习中存在的问题。考试系统根据历史数据，对试题库中的试题进行预筛选，剔除正确率非常高、近期出现频率过高的试题，同时将错误率过高、近期很少出现的试题前置显示，为教师提供更多的建议，从而提高出题质量，实现因材施教。在体现个性化教学方面，考试系统中的学生学习情况查询功能可以使教师了解学生的整体情况，以及错误率较高的知识点和题目。同时，将查询到的数据与学生学习资源的时间投入情况进行对比，以协助教师分析学生失分的原因。此外，还可以针对指定学生，了解其最近的学习档案和考试、练习情况，包括其薄弱知识点、资源学习的盲区等，以便针对个体提出个性化的学习建议。

（三）营造师生及生生互动的学习氛围

1.师生、生生互动

移动自主学堂采用先学、精讲、后测、再学，并有教师参与的教学模式。在移动自主学堂中，教师根据学科类型、知识点特点、学生特点、教学目标与教学内容等，可采用灵活多样的教学方式，并且系统可自动记录学生行为和教师行为数据。学生之间可以针对某个知识点进行竞争学习，教师和学生之间可以针对某个知识点发起话题讨论等，在课堂教学中实现师生、生生互动。更重要的是，这样可采集到用于分析和管理学生的真实数据。

2.个性化学习

在课堂教学中，学生在教师的安排下有序进行学习，但主要侧重于教师对疑难问题的解答或教学内容的精讲上。而那些在课上没学明白课堂知识或缺课的学生，则可以在课外登录移动自主学堂，自主学习课堂教学中的相同内容。在课外，学习系统可以根据每位学生的学习路径和近期学习情况，针对教学过程中的重难点和每位学生的学习难点进行个性化推荐；教师也可以根据学习系统记录的关于学生错误试题的数据，对学生进行个性化指导。

三、大数据时代会计教学的人才培养探索

（一）网络经济时代网络会计的应用

随着经济全球化和信息化进程的加快，以及计算机技术、互联网和通信技术的发展，信息处理的速度越来越快，传统工业经济模式下的手工操作及简单的电算化操作已经难以适应网络时代的需要。会计作为经济信息系统的一个重要子系统，对经济事项的处理和会计信息的传递必须网络化。这样，会计信息的输入、加工、处理和传递才能更加便捷，共享会计信息将达到前所未有的程度，而与国际惯例相协调的会计信息及网络信息，无疑会增强我国参与国际竞争的能力。

（二）网络经济时代会计专业人才的需求

目前我国会计专业人才的供需结构尚存在较大的不平衡。一方面，会计学专业毕业生的知识面较为狭窄，相当多的毕业生只懂得财务会计理论知识，而对企业经营管理和生产经营活动的业务流程等方面的知识了解不多，缺乏独立思考和创造性思维的能力，理论与实践脱节现象较为严重，对会计实务了解不深、理解不够透彻。另一方面，社会经济的发展又急需一大批会计专业人员，特别是在会计信息化的普及和经济全球化、国际化的宏观环境下，市场对高级网络会计专业人才的需求更是十分迫切，这使得现有会计专业人才的能力和素质都面临着更加严峻的考验。在当前及今后相当长的一段时期内，通晓国际会计规则、熟悉经济管理和税务法规、懂得财务管理理论、具有一定管理决策能力和掌握现代信息技术的高素质会计专业人才，将备受人才市场的青睐。

随着我国经济全球化和网络化的发展，会计专业人才原有的知识水平、知识结构已经落后于网络经济的发展。在网络环境下，会计专业人才不仅要进行计算机操作，还要解决工作中出现的各种问题，因此应积极培养能掌握现代信息技术、现代会计知识及管理理论与实务的复合型人才。提高会计专业人才的素质，是促进网络经济持续、快速、健康发展的基本前提之一。

（三）网络经济时代会计专业人才应具备的素质

1.网络经济时代下会计专业人才的管理

网络经济时代下会计的职能由核算型转变为管理型，这要求会计专业人才具有相应的管理能力，具体包括以下几个方面：

一是决策支持能力。会计专业人才要能够提供管理建议，进行预测分析、报告，当好决策者的参谋。

二是资本运营能力。会计专业人才要不断更新、扩展知识面，拓宽企业生存空间。

三是公关能力。会计专业人才要协助企业处理好与银行、财税、审计、工商等部门之间的关系。

四是综合分析、思考能力。会计专业人才要能够结合市场经济变化，运用市场经济规律，对财务信息数据进行合理分析，提供决策依据。

2.网络经济时代下会计专业人才的计算机知识

网络经济时代下会计专业人才除了必须懂得一些常规的计算机操作知识，还应该学会一门编程语言并掌握其设计方法。同时，会计专业人才还要结合财会岗位的工作特点，进行有关财务软件的简单维护，并熟练掌握常用软件的使用方法。

3.网络经济时代下会计专业人才的网络安全知识

网络安全问题一直是网络经济时代下会计专业人才面临的主要的问题之一。会计专业人才应努力学习网络安全知识，在对网上会计信息进行有效过滤的同时，注意保护本企业的会计信息，防止非法访问和恶意攻击。

4.网络经济时代下会计专业人才的网络会计理论

目前我国关于网络会计的理论建设和法律法规等都还不健全，因此应该注重对国外先进理论的学习与借鉴。网络经济时代下的会计专业人才应做到与时俱进、紧跟形势，加强对新出现的法规政策的学习，不断丰富自身的理论知识。

5.网络经济时代下会计专业人才对外语的应用

网络经济时代要求会计专业人才具备较高的外语听、说、读、写能力。传统的商品交易将发展成以电子媒介为基础的电子商务，网上交易将成为时代发展的趋势。企业的财会人员很可能因此被赋予除算账、管账等传统职能之外的许多边缘职能，如重要合同条款的审定、网上支付款项等。或许这些交易的对象是从未谋面的异国商业伙伴，根据通常的习惯，人们沟通和交流的语言一般都是英语。在经济发展全球化的今天，商品交易日益国际化，会涉及大量外语的商业信函、重要合同文本、往来凭证等，支付手段也存在于国际交往之间，因此，对外语的掌握已成为衡量一名财会管理者合格与否的标准之一。

6.网络经济时代下会计专业人才国际化的会计眼光

网络经济时代的到来，同样要求会计专业人才要有适应国际竞争的新观念。会计专业人才应该拥有全球化的视野和开放的眼光，要站在全球角度考虑问题，而不能局限于本地区、本部门。会计专业人才要将国际竞争机制和新型的会计规则引入国内，依法办理，适应国际办事效率；在商业交往中存在的那些不守时、不守约、不守信用的做法，在国际上是行不通的，必须尽快改变；要强化质量意识，适应国际质量要求，提高服务思想，适应国际服务水平。会计专业人才要以更广阔的视野、更博大的胸襟和更开放的姿态，大踏步地融入世界经济发展的大潮中。

第三节 大数据背景下会计专业人才培养措施

一、大数据时代会计教学的理念

（一）会计专业人才培养的目标

高校应根据企业和劳动力市场对会计专业人才的需求，以服务经济建设为宗旨，坚持以就业为导向、以能力为本位的教育理念，建立多样性与选择性相统一的教学机制，通过综合、具体的职业实践活动，帮助学生积累实际工作经验，突出会计专业教育特色，提高学生的职业道德、全面素质和综合职业能力；根据我国会计发展的客观要求及劳动力市场的特点，考虑我国经济领域各行业的发展水平，以及不同地区经济、技术、社会、职业教育的发展水平和区域特点，着力提高学生的操作技能和综合职业能力。

会计专业人才培养目标的确立应体现以下原则：

1.根据市场需求，明确人才培养定位

高校要以会计领域的分析、人才市场的分析为前提，以生源分析和办学条件分析为基点，以用人单位对毕业生的满意度和学生的可持续发展为重要检验标准，按照适应与超前相结合的原则，培养各行业和各企业有关市场营销岗位需要的、能胜任相关职业岗位群工作的技能应用型中高级专门人才。

2.以全面素质为基础，提高综合职业能力

高校应针对技能型人才的培养，加大行业分析、职业分析、职业岗位能力分析的力度，构建以技术应用能力或面向工作过程的能力为支撑的专业培养方案，加强实践性教学环节，以提高综合职业能力为着眼点，以人格的完善为目标，使受教育者具有高尚的职业道德、严明的职业纪律、丰富的职业知识和熟练的职业技能，成为企业生产服务第一线迫切需要的、具备较高职业素质的现代人和职业人。

3.以社会和企业需求为依据，以就业为导向的指导思想

高校要将满足社会和企业的岗位需求作为课程开发的出发点，提高高等职业教育的针对性和适应性，探索和建立根据社会与企业用人要求进行教学的机制；根据社会和企业用人需求，调整专业方向，确定培养规模，开发、设计产学结合、突出实践能力培养的课程方案。高校应密切与相关行业、企业的联系，在确定市场需求、人才规格、知识技能结构、课程设置、教学内容和学习成果评估方面发挥企业的导向作用。

4.适应行业技术发展，体现教学内容的先进性

高校会计专业的教师应广泛关注行业新知识、新技术、新方法的发展动向，通过校企合作等形式，及时更新课程设置和教学内容，克服专业教学存在的内容陈旧、更新缓慢、片面强调学科体系完整、不能适应行业发展需要的弊端，实现专业教学基础性与先进性的统一。在课程中还应融入如何学习专业知识、如何获取专业相关信息的途径与方法等思维训练及方法训练的内容，在学习与掌握职业知识过程中强化学习方法与创新意识，培养现代社会从业人员所必须

具有的方法能力与社会能力，使学生通过专业学习适应时代发展的需要。

5.以学生为主体，体现教学组织的灵活性

高校应充分考虑学生的认知水平和已有知识、技能、经验和兴趣，为每一个学生提供劳动力市场需要和有职业发展前景的模块化的学习资源；力求在学习内容、教学组织、教学评价等方面给教师和学生提供选择与创新的空间，构建开放式的课程体系，适应学生个性化发展的需要；采用"大专业+小专门化"的课程教学模式，用本专业职业能力结构中通用部分构筑能力平台，用灵活的模块化课程结构和学分制管理制度满足学生就业的不同需要，增强学生的就业竞争力。

（二）大数据时代会计信息化人才的培养目标

1.会计专业人才信息化

移动大数据时代的到来，推动了云计算、信息录入系统等高科技的应用，原有的会计系统也将转化为以互联网为基础，由专业的服务终端提供的新系统，且其中包含会计核算、财务管理等功能。同时也表明，计算机等高科技数码终端将会成为会计工作的主要工具。因此，需要会计专业人才在掌握扎实的专业能力的同时，还要了解计算机及局域网络应用方面的知识，能够轻松运用网络平台进行工作。此外，会计专业人才还要掌握相关的网络管理技能，确保计算工作在一个安全、稳定的环境中进行。

2.会计专业人才管理化

会计管理工作是企业管理中的重点工作项目，而在大数据时代，开放性、交互性的网络特点给管理工作带来了很大的挑战。因此，需要会计专业人才具备优秀的管理能力，利用财务会计知识，提升企业管理水平，从而促进企业发展。此外，会计行业为了适应互联网环境，逐步完善管理体系以提高服务水平，企业对会计工作的理解也逐渐由基础的账目核算转为使企业利润最大化的决策工作。因此，会计专业人才也要具备财务核算及管理技能。

3.会计专业人才国际化

大数据时代的到来，给传统会计带来了颠覆。对会计而言，如果再"以不变应万变"，恐怕最后的结果只能是被淘汰。所以，随着世界经济的联系日益密切，会计从业人员必须开阔眼界，学习多种语言。

涉外会计专业人才在企业发展中占据重要的位置，关系着企业的发展，是企业急需的应用型人才。目前我国涉外会计专业人才数目较少，供不应求，而相关专业的毕业生无法胜任国际化企业会计一职，不仅浪费国内优秀的会计专业人才资源，还制约我国企业的国际化发展。因此，会计专业人才需要精通一门外语及相关的国际会计规则，并能将其应用到经济管理之中，成为一名国际化会计专业人才，助力国内外企业交流沟通。

（三）大数据时代会计专业人才培养理念

1.建立专业的师资队伍

专业的师资队伍是保障学生专业发展的一大基础，因此需要建立多元化的教师队伍，提升教师专业素质。首先，队伍中需要包含专业的会计核算教师、财务管理教师、会计评定教师、计算机专业教师、外语教师等。其次，教师需要定期参加培训，使自身的专业能力达到社会发展的需求，也要参加针对会计专业信息实践教学的培训，获得真正的实践经验，并将经验应用于教学中，切实提高学生的实践能力。最后，高校应制定教师考核、评价标准，当教师的考核结果未达标准时，可通过淘汰或继续培训的方法提升其专业能力。

会计专业传统教学模式主张理论和实践教学单元单独布置，其中理论教师注重理论知识讲解，实践教师注重实际操作，再加上课程进度不一，理论教学与实践教学严重脱节，不但给学生的学习造成了很大困难，而且导致了重复教学和资源浪费的现象，更影响了教学质量的提高和应用型、技能型人才的培养。

为适应市场需求，现代会计教育呼唤新的教学模式，即做到专业基础理论与技能实践一体化进行，线上教育和线下交流同步展开。如今，此类教学引导模式正在实践与探索之中。

2.创新教学方法

正确的教学方法是学生提高专业能力的基础。传统的教学方法理论性过强，学生的接受度不高，且几乎不符合大数据时代的特点。因此，教师需要创新教学方法，加强学生的互联网意识。首先，教师需要与学生转换位置，学生成为课堂的主体，教师仅起到引导的作用。其次，教学手段由传统的教学方式转变为师生共同学习的方法。教师可将重点内容提前告知学生，并根据学生的学习特点给他们分组，使其提前预习，再让他们在课堂上以小组的形式进行讲解，随后教师进行点评与指正。这样的方法能够加深学生对知识的理解，并增加教师与学生的沟通和交流。最后，教师可利用互联网的优势进行教学，例如应用新媒体、计算机等数码设备进行授课，将理论性较强的知识转化为直观的图像或影音，使学生在课堂之上更好地理解知识的来源与发展。

此外，教师可利用问题引导课堂的走向，将大数据时代的特点融入问题之中，引导学生思考；教师也可将其他相关课程添加到网络授课之中，使学生在课余时间也能观看教学视频。学生则可以自己掌握并控制学习进度，实现自主化学习。但网络授课需要教师实施有效的管理，教师需要在网络平台上与学生多加交流，加强学生对教师的信任，提升学生的学习兴趣，并使其了解更多的会计知识。另外，教师还可以利用互联网技术创建网络班级，利用云课程等交互式教学设备，使学生既能感受网络的特点，也能享受丰富的网络资源。

3.调整课程设置，增加实践课程

调整课程设置前，教师需要根据当前大数据时代的需求，设定正确的教学目标，即培养学生具备优秀的会计、管理、评估能力。然后，教师再根据教学目标设置相关教学课程。其中，理论课程应包含会计核算学、会计管理学、财务管理学、外语等相关课程，课程比例应以核算学、管理学为主；实践教学设置比例需要与理论课程相同，以加强学生的实践操作能力。为此，教师可通过建立实习基地、创建实训模型等方法进行实践教学；高校可与会计师事务所进行合作，给予学生实践的机会及场地，加强学生财务管理方面的实践能力，学生也能因此接触到真实的账目，从而了解大数据时代会计工作的真实情况。此外，教师可利用沙盘模拟等方法，让学生在校内也能感受真实的经营环境，使其在几天的时间内便可接触模拟的企业经营情况，了解企业在互联网环境中的发展趋势，并进一步明确从事会计工作所要具备的条件。

4.丰富教学资源

在传统的教学方法中，课堂资源皆以课本、讲义为主，学生接触到的知识过少，无法满足社会的需求。因此，教师需要将书本与网络资源进行整合，使会计教学能够立体化发展。为此，教师可根据学生的特点，筛选出可用的课程资源，针对资源设置相关问题，对教材及习题资源进行有效的改进，从而使学生更好地了解大数据时代下会计行业的发展特征。高校可以与网络教学平台进行长期的深入合作，保障学生享有丰富的学习资源；学生自身也应时常阅读会计专业的相关论文，了解会计行业的最新动态。

二、大数据时代会计专业人才培养改进方法

会计专业人才培养主要是对复合型会计专业人才的培养，这是企事业单位在未来的发展中对于人才的需求，这就要求各大高校为社会输出高质量的技术应用型人才。在我国，会计教育具有职业性、岗位性、针对性和实用性等特色，其最终目的是为企业培养高素质的会计专业人才，培养学生的软件操作能力、职业能力和数据分析能力。在当前的会计信息化趋势下，对会计专业人才的培养主要是对其财务分析能力和财务创新能力的培养，从核算型会计逐渐转变为决策型会计。在互联网背景下，会计专业人才培养还要从以下三个方面入手：

（一）学校层面培养学生互联网思维

1.会计信息化教育要多元化

传统的会计专业以基础知识教育为主，但是在大数据时代，引入网课、微课、翻转课堂等教学形式，能够丰富学生的教学模式，拓宽学生的学习渠道，

丰富学生的学习内容，进而增强学生的学习效果。新教学手段的运用可以有效培养学生的独立学习、思考和解决问题的能力，对于学生未来的职业发展和人生发展都具有非常重要的作用。互联网背景下的高校教育需要以提升学生综合素质为核心，从而满足新时代对于会计专业人才的需求。

2.培养学生的互联网思维

会计信息化时代的到来，对会计专业的学生提出了更高的要求，不仅对学生应具备的专业知识有要求，还对学生软件适应和运营能力、数据收集和分析能力提出了更高的要求。一般而言，在数据信息化时代，财务学习的重点在于将理论与现实技术相结合，以此构建全新的学习模式，并将教育逐渐社会化，加强学生的毕业后教育和财务信息化教育。

（二）企业层面调整人才结构

1.注重企业会计人员的培训

第一，根据各企业对会计专业人才的要求，循序渐进地对会计专业人才进行培训；要从会计专业知识入手，加强互联网技术、财务软件使用、平台管理与应用等的培训。

第二，企业内部开展各种形式的培训，可以以网络为基础，进行网络培训、微课培训等；也可以邀请著名的会计专家举办讲座培训。在平时的培训过程中，要注重人才的培养和储备。

第三，企业内部开展各种比赛交流活动，可以促进会计信息化知识的消化与应用。活动开展形式可以是技能大赛，也可以是论文评比。总之，开展活动的目的只有一个，那就是提高会计人员的学习兴趣，使其对知识的掌握更加扎实。同时，企业还可以通过各种物质上和精神上的奖励促使会计人员在工作中干劲十足，学习劲头十足。

2.优化财务会计专业人才结构

第一，企业要制定相关的会计人员岗位职责和岗位待遇方案，该方案对会计人员的具体职责、薪酬待遇都要有明确规定，以便优化会计人员队伍；另外，还要对会计人员建立起相应的奖惩措施，以便能够更好地管理和制约会计人员。

第二，加强会计人员的人才储备，通过对高校和社会上的优秀会计人员进行考察和引进，并加以重点培养，来促进企业的发展。

第三，实行轮岗制度，使每个会计人员都能熟悉工作流程，万一发生突发事件，不至于使会计工作受阻；同时，轮岗制度可以有效培养新人和重点培养对象，为企业会计工作积蓄力量；另外，轮岗制度还可以有效地提升会计专业人才的素质，培养出一些业务能力强、数据分析能力强、对企业发展有重要作用的人才。

3.加强校企合作的模式

第一，企业与高校签订用人意向，高校为企业培养专业化的、高素质的、对口的会计专业人才。这对于企业和高校来讲是双赢的，不但为企业解决了人才问题，而且还为高校解决了就业问题。

第二，制订企业会计人员的高校再培养计划。高校一直都是知识的传播基地，如果企业的会计人员能够定期到高校进行再培养，不定期参加财务课程讲座，必然能够有效提升素质，促进企业的发展。

第三，组织会计人员骨干培训班。会计人员骨干培训班是企业为自身发展培养会计人才的必经之路，也是企业发展的最终归宿。

第四，通过高校这一渠道培养一批中高级会计职称人才，为企业的会计发展做出贡献。

（三）个人层面加强信息技术学习

1.具备网络技术业务处理能力

随着我国会计信息化的不断发展，会计从业人员必须从自身找原因，迅速提升自身的业务处理能力，这是会计从业人员的立身之本。会计从业人员不仅要对会计的基本知识和基础知识烂熟于心，而且要正确使用和管理互联网技术、会计软件，熟练运用网络平台，具备一定的运行与维护常识，向复合型人才靠拢。

2.提升自我信息判断能力

会计信息化的发展必然会引起会计职务的变革。随着会计信息化的发展，会计的工作已经逐渐转变，由财务信息的处理和提供，逐渐转向对财务数据的分析，以及参与企业决策。财务信息录入的重要性下降，对企业发展的决策前预测和在企业决策执行过程中的成本控制变得尤为重要。所以，对于会计从业人员来讲，必须具备一定的行业判断能力、市场分析能力和较高的敏锐度。

3.要有保障会计信息安全的能力

随着互联网、移动设备、云计算和社交媒体等新技术、新载体的大量运用，会计信息系统将面临被外部攻击的风险，因此，会计从业人员必须强化保障会计信息安全的能力，有效防范会计数据被截取、篡改、损坏、丢失、泄露等风险。

三、互联网远程教育在会计专业人才培养中的运用

（一）远程教育的概念及其特点

远程教育是一种新兴的教育模式，是更加适合业余"充电"式学习的一种教育方法。远程教育采用的媒体手段一般以网络、电视为主，它打破了地域和时间的限制，学生不需要有固定的学习场所，也不需要在规定的时间和地点听课学习，学生和教师也不需要见面，学习的整个阶段都是通过远程的移动网络或者广播等数字媒体传送的。远程教育是一种非常开放的、灵活的学习方式，它打破了旧有的、单一的学习模式，使得学习途径更加丰富、多样，同时也增强了不同学生对学习需求的适应性。

（二）远程教育会计学专业实践教学的意义

远程教育会计学专业的培养方向主要是向社会输出适应各种国有、民营、

基层单位财务工作的人才，对学生开展远程教育，使其能在相关单位胜任财务核算、整理、分析等工作，并能够运用高科技手段处理工作业务，使会计学专业人才具备应有的专业核心能力。不难看出，会计专业的最终培养方向还是使学生胜任企业职位，这就要求教学内容不只局限在理论知识的学习上，还要让学生结合实践进行实操训练。只有将教学理论和实践相结合，增设锻炼实操能力的各种体验课程，才能培养出高能力、高水平的学生，培养出能够较快适应工作岗位的会计专业人才。

高校作为培养会计专业人员的主要场所，输出的会计专业人才能否适应企业岗位，是否有过硬的业务实操能力，直接反映了院校的教学水平。这也是社会评价院校的标准，因此实践教学的实施也是提高教学质量的重要途径。

要想采用新型的教学模式培养出适应工作需要的实操型会计专业人才，就必须将理论教学和实践教学结合起来，梳理二者的关系，不断优化理论知识在实际工作中的应用，提高实际操作的质量，从而将建设远程教学打造为理论与实践并重、适应多种学生群体的特色实践性教育体系。

（三）远程教育会计专业教学体系的构建

会计专业的学习主要包含三个方面，分别是理论基本知识的学习、会计基础技能的学习和会计实际操作培训。高校应加强学生实践，增强学生对理论和技能的理解和掌握，让学生明白如何具体操作。经过这些培养，学生对知识的认知和实际操作的能力都能得到有效加强。具体来说，会计实践教学结构中包含的项目有教学实验、规定时间内的专业实习、模拟专业体验等。为提高专业教学质量，高校不仅要给学生提供充足的实践教学时长以及高标准的教学指导，还需要提供能够模拟真实工作场景的场所，并具备专业的管理模式。

坚持以实践教学思路为指导是构建远程教育会计专业实践教学体系的关键所在。也就是说，要从思想上重视专业学习中实践教学的部分，从政策上支持实践教学；要坚持教学中理论与实际相结合的基本思想，还要坚定教学方式转变的信念，明确其重要地位。实践教学是有其整体体系的，体系中的各个环节缺一不可。实践教学应建立在教师和学生积极参与的基础上。远程教育会计专业实践教学体系需要将课程所需的实际操作和学生在实习期的学习，作为实践教学效果的增强力量；并发挥综合素质，如将毕业设计实践操作等作为体系的核心，从而完成全部实践教学体系的建构。从细节上看，又可以从实践教学方式、教学内容、教学程序规划上做进一步的详细分析。

首先，从教学方法上分析，主要体现在利用多种形式全程参与，也就是必须保证学生全程参与教学过程。参与程度可以逐步深入，从起初的小范围实验模拟，到中间阶段的基地实战训练，再到最后完全由自己实践完成毕业论文。在学习过程中，这三种方式应依次进行。

其次，从教学内容上分析，主要体现在实践课程安排递进进行。第一阶梯是小范围实验教学；第二阶梯是实习实践，学生进入实习单位接受实际工作、完成特定任务；第三阶梯是实战训练，学生深入具体单位完成完整业务；第四阶梯是独立完成毕业论文和毕业设计。四个阶梯如同楼梯一般上下分明，层层递进，通过前一层才能到达下一层。高校需要坚持理论联系实际的教育原则，合理安排教学内容，对各个阶段学生的参与成果进行指导，最后推动学生用心、合理地选择毕业论文选题。

最后，从教学程序规划上分析，要以"以学生为中心、全过程监控"为指导原则，多方面完善教学计划，促使教学规划顺利完成。一方面，会计专业学生要严格完成规划内的理论教学学时，要利用足够的时间进行实践活动，独立选择实践活动的方式方法，完成规定的实践教学学时；另一方面，高校要为学生进行学习实践提供必要的场地、需要的设施以及专业化的指导和评价，也就是常说的服务支持，同时，还需要为进行实践活动的学生配备专门的教师团队，设置教务组织等，以保障实践活动中教师团队的专业性，也就是人员方面的支持。除此之外，还有两项措施也必不可少：一是要建立评定学生实践效果的考核制度，定期考试、公布成绩，利用考核制度进行监督；二是监督和检查，高校为了保障教学计划顺利完成，达到预期效果，就必须定时查看教学进度，以便及时纠错。

（四）会计专业实践教学方案的实施

远程教育作为一种开放式的教学方法，已经被越来越多的学生喜欢和接受，追随这种发展趋势，以此为基础设计出适合会计学专业的实践教学体系是实施新的教学方案的第一步。实践教学方案的完整实施，还有很长的路要走。

首先，要根据教学方案的整体结构，在进行实践教学时需要按照大纲要求，将教学步骤分解开来，一步一步依次进行学习；其次，清晰了解实践教学包含的步骤和监督机制，在此基础上逐层分化，然后进行小范围授课、有针对性地安排实习、在专业基地进行实战；最后，将教学重点聚集于学生的实操，从而完成实践教学方案的构建。其完成细节包括以下几个方面：

第一，学生在学习过程中要做到理论与实践相结合，两方面的学习时长应当差不多，不应顾此失彼，这样更有利于学生在学习会计专业基本知识、基本技能的同时，锻炼其对实际账目的分析、整理能力，为以后阶段的学习奠定扎实的基础。这一学习过程同样需要教师的监督，教师可以通过考核、记录成绩、评价实践效果等措施提高学生的积极性。

第二，实践教学不是一成不变的，无论学生是在企业实习，还是在实践基地学习，都可以灵活运用各种学习方式，加入符合学生单一培训的学习模式，再通过小插曲式的针对性实操来提高学生的主动性，增强其学习兴趣。当学生在企业实习时，高校应指导学生在其实习的企业业务中寻找自己擅长的、具有实用价值的毕业论文选题，以便学生在论文写作中能将实习期所学的内容予以应用。

第三，会计专业学生通过深入企业具体岗位实践，可以了解实时的行业动态，也可以在具体工作中将校内所学的理论知识进行应用。实践和理论的双重融合培养了学生学以致用的能力，为实践教学的后期步骤打下基础。

第四，为了使实践教学规划方案得到实施，高校必须在整个教学实践中充分重视对实践教学的全程监督和评价工作。为保证这一职能充分发挥作用，高校要设立专门部门，组织各个职位的人员对教学过程实行分段监督。在实现有力监督的同时，高校也应该积极地及时评定教学效果。评定工作需要进一步细化，如对学生出勤、实操、自主学习、理论理解、实践应用、财务业务分析、报表编制等进行评定，达到督促的目的。教师在对学生各方面进行评定的同时，也需要对学生体验、实践过程中遇到的问题进行指导，并结合新型教学模式进行灵活授课、多样授课，在注重教学效果的前提下保证学生的积极性。

参 考 文 献

[1]俞涛.基于"1+X"证书制度的中职学校会计专业技能型人才培养探究[J].质量与市场，2023（08）：190-192.

[2]曲长旋.区块链赋能大数据与会计专业人才培养体系创新[J].内江科技，2023，44（02）：3-4，7.

[3]张滢，孟海峰，袁文娟，等.高校应用型会计专业人才培养探讨[J].合作经济与科技，2023（04）：98-100.

[4]韩静，周建珊.转型背景下高职大数据与会计专业人才培养模式的创新研究[J].中国乡镇企业会计，2023（01）：186-189.

[5]王靖.大数据环境下会计专业人才培养模式的创新与构建[J].中国市场，2022（36）：182-184.

[6]朱爽.构建高校"一中心，三融合"会计专业人才培养模式研究[J].福建轻纺，2022（12）：64-65，75.

[7]华洁.新型学徒制培养模式研究——以会计专业为例[J].西部素质教育，2022，8（16）：170-172.

[8]姜庆.高职扩招背景下财经类专业融合人才培养模式构建——以大数据与会计专业为例[J].现代商贸工业，2022，43（18）：105-107.

[9]刘美玲.数字化背景下中职学校会计专业人才培养的问题与优化研究——以广东 M 校为例[D].广州：广东技术师范大学，2022.

[10]周健珊."1+X"证书制度视域下中职学校会计事务专业人才培养模式研究[D].广州：广东技术师范大学，2022.

[11]窦晓杰.基于新技术背景下高职会计专业发展与人才培养之探讨——以柳州城市职业学院为例[J].经济研究导刊，2022（05）：95-97.

[12]王文竹."1+X"证书制度下高职院校会计专业人才培养模式探索与研究：以枣庄职业学院为例[J].黑龙江人力资源和社会保障，2021（18）：133-135.

[13]刘依.人工智能背景下管理型会计专业人才培养模式改革探析——以西藏民族大学为例[J].老字号品牌营销，2021（10）：169-170.

[14]吕桂苹，赵焕红.高职院校大数据与会计专业创新创业能力培养路径研究[J].营销界，2021（39）：186-187.

[15]刘杰.新文科背景下高校会计专业人才培养的建议[J].内蒙古煤炭经济，2021（12）：227-228.

[16]陈彦至.基于"课程四通"的中职学校会计专业人才培养模式优化研究[D].重庆：重庆师范大学，2021.

[17]华秋红."互联网+"人工智能视域下高职会计专业转型发展培养模式研究[J].商业会计，2021（08）：126-129.

[18]吴天舒，李妍.新时代背景下高职会计专业人才培养策略[J].辽宁高职学报，2021，23（03）：19-23.

[19]陈龙，王楠，冯丽丽.地方高校"微专业"人才培养模式探索研究——以D大学会计专业为例[J].石家庄学院学报，2021，23（02）：152-155.

[20]劳春南."1+X"证书制度背景下中职会计专业人才培养方案制订与实施的研究[J].科学咨询（科技·管理），2021（10）：205-206.

[21]冉一江.基于数字经济背景下对大学会计专业培养方向的探讨[J].质量与市场，2021（03）：139-141.

[22]石佳玉.浅析高职院校会计专业教改新趋势及培养策略[J].中国管理信息化，2020，23（18）：224-225.

[23]李颜苏.新时代高等教育会计专业人才培养模式的改革[J].广西质量监督导报，2020（08）：20-21.

[24]钱文菁.对会计专业未来培养方向的思考——从会计发展历程说起[J].

当代会计，2020（15）：125-127.

[25]罗健.高职会计专业"1+X"人才培养模式探究[J].经济师，2020（08）：147-148.

[26]侯卓丽.新时代高职会计专业人才培养研究[J].山西科技，2020,35（03）：84-86，91.

[27]王珊.创新人才在高职会计专业培养方面的改革探究[J].现代经济信息，2020（05）：169.

[28]季欣茹，王珂.互联网+高职院校会计专业人才培养模式研究[J].科技风，2020（01）：36-37.

[29]王晗.互联网时代我国高校会计专业人才培养模式研究[J].现代营销（信息版），2019（12）：209-210.

[30]徐海侠.高职会计专业创新创业人才培养研究[J].会计师，2019（21）：72-73.

[31]彭敏，肖诗菲，罗利亚."1+X"证书制度下高职会计专业人才培养模式探究[J].营销界，2019（43）：210-211.